知的財産早わかり108のポイント

〜中小企業の経営者必見〜

まえがき

知的財産を経営の柱に立て ビジネスを発展させましょう！

知的財産は、本来、経営者が経営の中に組み込んで運用されるものです。裁判所に訴えを提起することは極めてまれです。特許出願しただけでも経営上の目的が達成されることが多々あります。このことで、費用が節減されます。知的財産を本来活用すべき人たちが、知的財産を身近に感じ、費用を節減して活用することは、日本にとって大切なことです。このような観点から専門的な説明を排し、イラストを多用して親近さの湧くような書にいたしました。

知的財産の重要性が叫ばれてから久しくなります。

そして、中国はじめ東南アジア諸国で知的財産にからむ法務トラブルが増加しております。

このような状況下、企業、とくに中小企業の社長さんは、知的財産を重視されるにあたって、多くの悩みを持っておられます。

企業が特許をとらなくなると、その製品分野での開発力は鈍ります。開発と特許には、強固な関係があります。開発があって特許がある、というものでもないし、特許があって開発がある、というものでもありません。両者は同時進行していくものです。

ですから、経営者の方々、とくに中小企業の経営者の方々には、特許をとるということを経営の一つの柱にしていただきたいと思うのです。自らも発案し、どうしたら特許に仕立て上げられるかを実践して頂きたいのです。特許出願し、特許をとるということは、きっと新製品の開発を促していくことでしょう。現場近くで見ておりますと、経営者の方々の知財生成のためのやる気は、継続した知財生成育成・保護を可能としてまいります。

最近、顧問の税理士さんからこんな話を聞きました。税理士さんは中小企業の社長さんのコンサルタントというか、経理にとどまらず、あらゆる経営問題について相談されるそうです。そのなかには、知財の問題もあります。しかし、知財はよく知らないので、この話題はうやむやとなってしまう、というものでありました。

知財は、「技術」問題でもあり、「法律」問題でもあり、やっかいです。ですから、仕方のないことでしょう。しかし、弁理士にとって、この問題は仕方のないことだと放置してもよいものでしょうか。中小企業の社長さんから弁理士に直接相談がないということは、弁理士にとってまったく情けない話です。が、「ちょいと待てよ、公認会計士さんや税理士さんと弁理士とが協同することで、新しい共創活動ができるのではないか」と考えました。公認会計士さんや税理士さんと弁理士とが協同共創活動をし、中小企業の社長さんの抱える知財問題の相談にのったならば、中小企業の経営にきっと役立つことと思います。

このような発想のもとに、中小企業の社長さんから相談されそうなテーマや、中小企業の社長さんに知っておいていただきたい事項を「質問Q」としました。これらの「質問Q」の作成にあたりましては、知財法の法律的解説は極力取り止め、筆者が30余年にわたって経験してきたことを、現場での話としてまとめています。

当初の企画では、「税理士さんの参考書になれば」という気持で作成を始めましたが、社長さん直接に、さらにはエンジニアの皆さん、新人社員の皆さんがこれから新製品・新ビジネスに参画される場合の参考書となるようにも工夫しました。

なお、知的財産に関する本は、特許の章が商標の章の前になるのが通例ですが、企業の皆様がビジネスを遂行するうえで、知財確保をするには何をおいてもまず商標がとっつきやすい、と考えまして商標の章を特許の章の前に持ってきました。

この本が中小企業皆様の参考とされ、ビジネスに少しでもお役に立つことを願っています。

最後になりましたが、この本の制作にあたりお世話になった中村会計事務所税理士の中村登さん、ｍａ２の高田幸絵さん、日峯国際特許事務所の鈴木賢昭さん及び島田一成さんに厚くお礼申し上げます。

弁理士　高田　幸彦

発刊によせて

知的財産への知識を深める座右の書に

少子高齢化が進み、国内需要が縮小していくなかで、企業間競争は激しさを増し、新たな需要を求め海外への移転がいっそう加速しています。とくに、中国をはじめ経済発展が著しい新興国へ、堰を切ったように競って進出しています。

このような我が国の経済状況下にあって、多くの中小企業は危機感を募らせ、さまざまな方策を練って何とか厳しい現実を乗りこえようと日夜努力をしています。大企業と比べ、資金、人材、ノウハウなどに格段の違いがあるなか、限られた経営資源のなかで活路を見いださなければならない中小企業は、大きなハンディがあります。

さて、この限られた資源で厳しい努力を重ね、より良い、あるいは新しい商品、製品、サービスを生み出し、市場に送り出したときに、突然、他社から「我社の特許に抵触する」とか「商標権を侵害する」などと抗議がなされたら、どうしますか。場合によっては、損害賠償の請求がなされたとしたら、どうでしょう。

そうなったとき、努力は水泡に帰します。そして、企業の存在を左右するほどの損害を被ることとなりかねません。海外に進出するとすれば、いっそうこのような摩擦が生じることは、容易に想像ができます。

今まで中小企業は、一部の企業を除いて、知的財産権について経営上の配慮はほとんどなかったと思います。しかし、これからは、中小企業といえども知的財産権について知識を深め、不慮の事故に巻き込まれないようにしなければならない状況になってきました。

このような中小企業が置かれた状況に鑑み、このたび、弁理士の高田幸彦氏が、企業、とくに中小企業向けに知的財産権をやさしく解説した書籍を出版することとなりました。専門的で難しい事案を108問に絞り、質疑応答式で分かりやすく解説しています。

中小企業の経営者ばかりでなく我々商業会計人にとっても、大変参考になることでしょう。

座右の書として大いに活用していただきたい一冊です。

中村会計事務所税理士　中　村　　　登

Contents

第１章 「企業、とくに中小企業経営者の方々にとっての知的財産権」の話

第2章 「商標について」の話

第3章 「特許について」の話

第４章 「実用新案、意匠、著作権、不正競争防止法について」の話

第５章　「中国での知的財産対応について」の話

商標登録判断　フロ

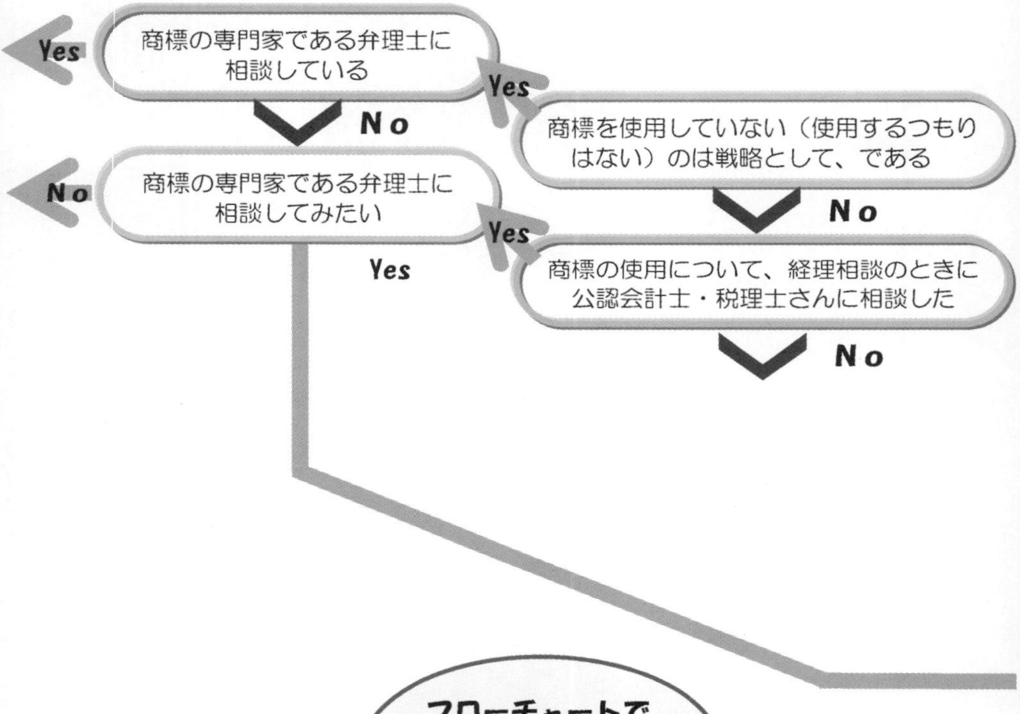

知財博士

ーチャート

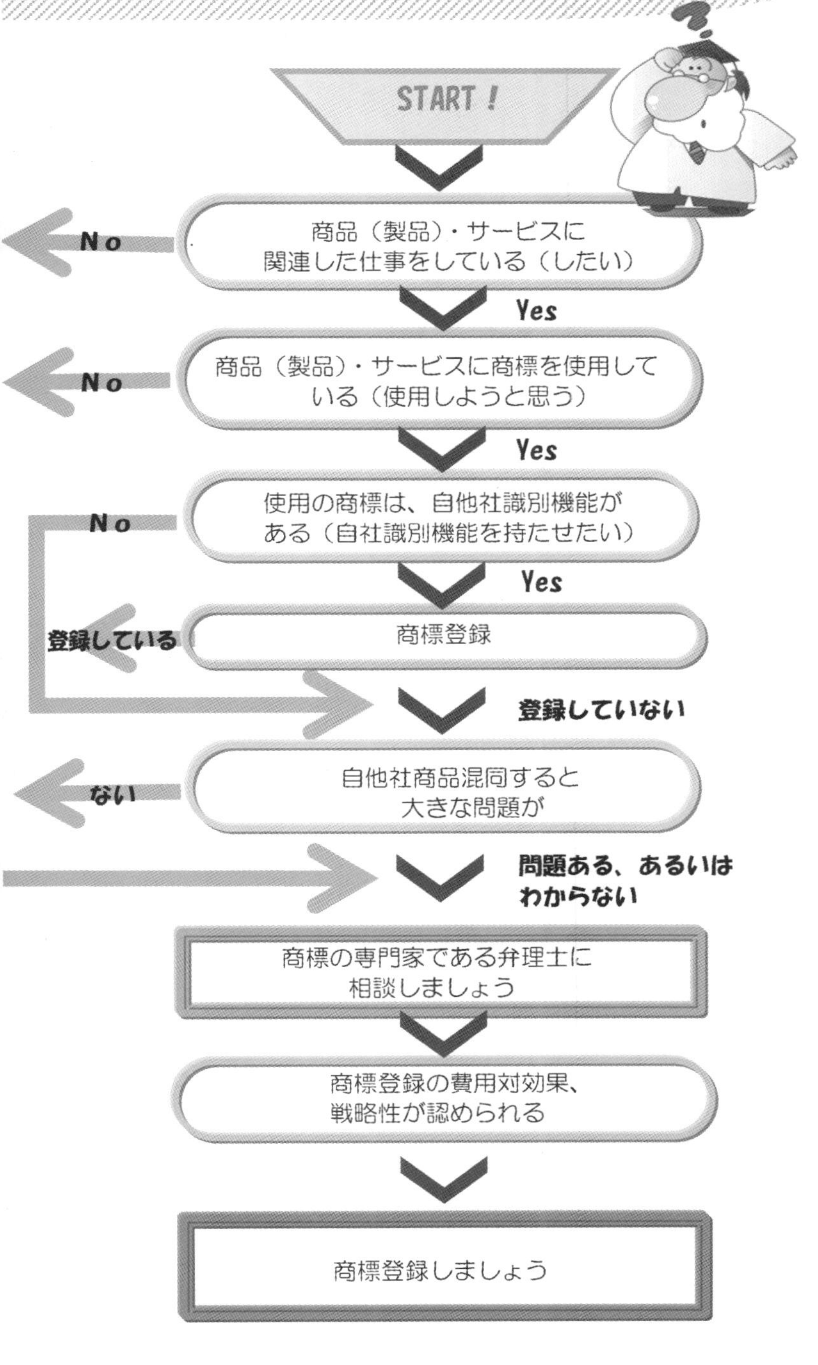
START！
商品（製品）・サービスに
関連した仕事をしている（したい）
No
Yes
商品（製品）・サービスに商標を使用している（使用しようと思う）
No
Yes
使用の商標は、自他社識別機能がある（自社識別機能を持たせたい）
No
Yes
商標登録
登録している
登録していない
自他社商品混同すると
大きな問題が
ない
問題ある、あるいは
わからない
商標の専門家である弁理士に
相談しましょう
商標登録の費用対効果、
戦略性が認められる
商標登録しましょう

ビジネスモデル 特許取得判断 フローチャート

START!

エンジニアであるかないかに関わらず、右欄に示された「商品（製品）・サービス」に該当した仕事をしている（したい） — No / Yes

仕事に、コンピュータ表示画面を活用している（活用予定である） — No / Yes

商品（製品）・サービスにからんで、ニュービジネスを考えることを求められている — No / Yes

新しく、重要なアイディアが浮かび、ニュービジネスが成立しそうだ — No / Yes

このアイディアを実現するに当って、データ処理によって、新しい情報が作り出されることになる — No / Yes

ビジネスモデル特許が取れそうです
ビジネスモデル特許に精通した弁理士さんに相談しましょう

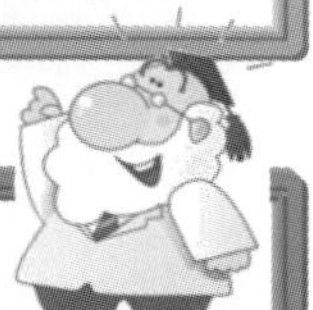

事業戦略との整合性を確認して
ビジネスモデル特許を取得しましょう

区分	商品（製品）・サービス業務
区分（1）	広告，市場調査，商品の販売に関する情報の提供，ホテルの事業の管理，職業のあっせん，求人情報の提供，競売の運営，書類の作成，文書又は磁気テープのファイリング，各種小売又は卸売の業務等
区分（2）	預金の受入れ，資金の貸付け及び手形の割引，両替，有価証券の販売，ガス料金又は電気料金の徴収の代行，建物の管理，建物の売買の代理，建物又は土地の情報の提供，土地の貸与，土地の売買の代理等
区分（3）	工事，設備の運転，船舶の建造，修理又は設備，器具の修理又は保守，用具あるいは被服，生皮の修理，おもちゃ又は人形等製品の修理，清掃，消毒，防除，機械・器具の貸与等
区分（4）	通信，放送，報道をする者へのニュース供給，電話機，ファクシミリその他の通信機器の貸与等
区分（5）	鉄道による輸送，車両による輸送，船舶による輸送，航空機による輸送，貨物のこん包，主催旅行の実施，旅行者の案内，自動車等の貸与，駐車場の提供，倉庫の管理，ガスの供給，電気の供給等
区分（6）	布地，被服又は毛皮の加工処理，染色処理，耐久プレス加工，防水加工，紙の加工，金属の加工，製本，廃棄物の再生，グラビア販売，印刷等
区分（7）	技芸，スポーツ又は知識の教授，動物の調教，電子出版物の提供，スポーツの興行の企画，写真の撮影，施設の提供，座席の手配等
区分（8）	医薬品，化粧又は食品の試験，電子計算機用プログラムの提供，設備の設計，気象情報の提供，デザインの考案，操作方法の紹介等
区分（9）	宿泊施設の提供，飲食物の提供，高齢者用入所施設の提供，動物の宿泊施設の提供，会議室・家具・加熱器・タオル・調理台等の貸与等
区分（10）	医業，あん摩，栄養の指導，医療情報の提供，美容，理容，介護，庭園の手入れ，雑草の防除，有害動物の防除等
区分（11）	婚礼のための施設の提供，手続きの代理，施設の警備，愛玩動物の世話，ファッション情報の提供等

（特許庁商品区分に従って分類）

第1章

「企業、とくに中小企業経営者の方々にとっての知的財産権」の話

知財博士

Q1 企業、とくに中小企業経営者の方々にとっての知的財産権のうまみとリスクは？

質問！

部品メーカーの社長さんから、「経営にとって知的財産権を持つことはどういうことか」「どんな意味を持つことになるのか」という質問がありました。

この社長さんは、今まで知的財産権に興味はなかったのですが、業界の集りで知的財産権の話がよく出るようになり、「知的財産権を持つと経営に役立つのだろうか」と考えるようになったということでした。

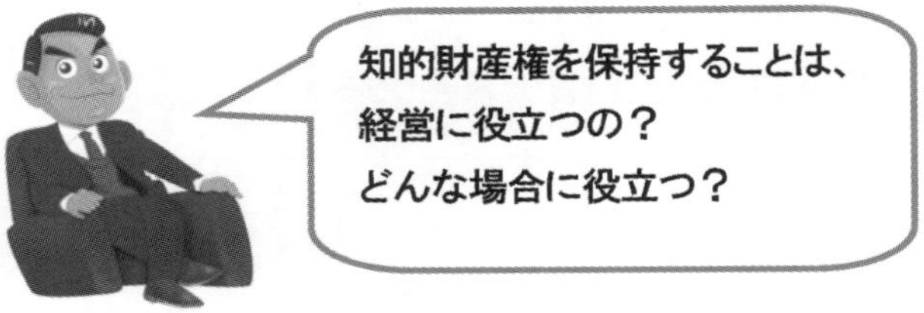
知的財産権を保持することは、
経営に役立つの？
どんな場合に役立つ？

部品メーカーの社長さん

Answer

◎知的財産権は**経営に確実に役立ちます。**

◎**まず、商標は確保**しておかなくてはいけません。

◎これからの企業は、ソフト特許とハード特許との組み合わせを考えて、ソフト特許を取得していくことで新規分野を切り開いていくことが求められています。知財確保しようとする姿勢は、新規分野を切り開く技術開発をさせずにはおきません。

知財博士

【弁理士よりワンポイント】

御木本幸吉氏の養殖真珠法は次のようです。

貝殻片
濃食塩水
真珠貝

知的財産権とは、人間の頭脳で生み出された知的資産であって法律によって保護されるものを指し、具体的には特許権、実用新案権、意匠権、商標権及び著作権を主な内容とし、これに集積回路配置、植物の新品種及び企業秘密（営業秘密、ノウハウ）を含めての総称として使われています。いずれにも共通するのは、新しい知識と生み出した者に与えられた権利であるということです。最も著名なのは、ノーベル賞のノーベルが生み出したダイナマイトの発明でしょうか。御木本幸吉氏の養殖真珠法も有名です。

海外進出に際して、知財で身を固めないのは裸で外に飛び出すようなものです。

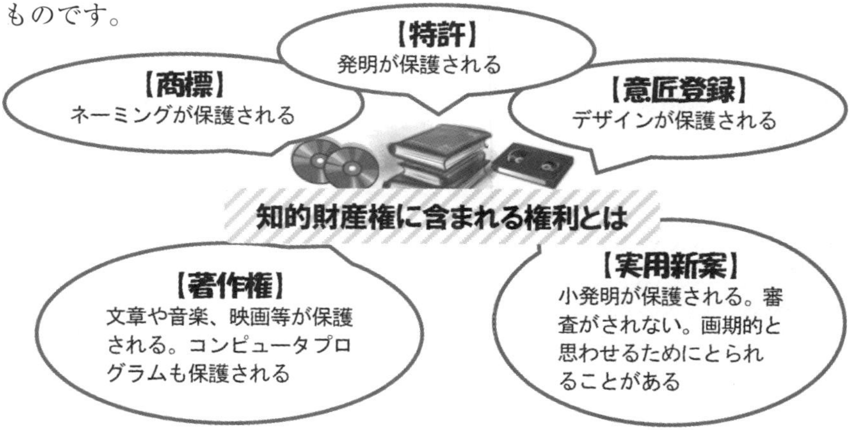
【特許】
発明が保護される
【商標】
ネーミングが保護される
【意匠登録】
デザインが保護される
知的財産権に含まれる権利とは
【著作権】
文章や音楽、映画等が保護される。コンピュータプログラムも保護される
【実用新案】
小発明が保護される。審査がされない。画期的と思わせるためにとられることがある

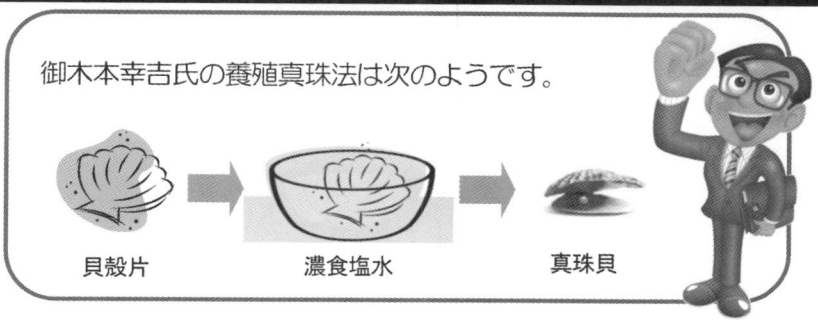

Q2 知的財産権って何？ 特許をとるともうかるの？

質問！ ある中小企業のエンジニアＡさんから「知的財産権って何？　特許をとるともうかるの？

アイデアがあるので特許をとって譲渡し、もうけたい」との話がありました。

知的財産権って何？
特許をとるともうかるの？
特許をとってもうけたい！

エンジニアのＡさん

Answer ◎特許をとって**ローヤルティ収入があるのは極めてまれ**ですが、**何億もの収入となることがあります。**

◎現状維持を考えている経営者にとっては、知的財産確保には金と手間ばかりかかるということになります。

◎提案型、発信型の経営者にとっては知的財産はなくてはならないものです。

知財に裏づけされた事業に勝つことで、金もうけができることでしょう。

◎知的財産価値評価が大切になります。

知財博士

【弁理士よりワンポイント】

今、まさに勝ち残りをかけた競争の時代に、知的財産権活用を勝ち残り策として活用していきましょう。

商標には、長年の使用によって企業の信用が蓄積されるという性質を持っています。ビジネスが成功致しますと、この商標に類似する商標が現れてまいります。

新商品に付けられた商標に対しては、類似した商標が付けられて店頭に並べられることもめずらしいものではありません。これでは金もうけにはなりません。

特許をとると誰かがただちにその特許を買いに来るということはありません。社会ニーズあるいは製品の問題・課題にマッチングした特許を他に先駆けてとることで、金もうけのチャンスが作りだされます。特許を取るためには、経験・慣れが大きなファクターとなります。

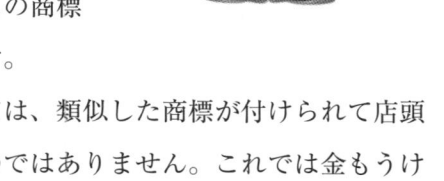

Q3 世界共通特許は取得できないの？

質問！

自動車部品メーカーの社長さんから、「今後新製品を開発したら、その製品は画期的で世界特許をとりたい。世界を制覇する一つの特許をとって、事業拡大を図りたい」との話がありました。「世界特許はとれますか？　とれるとすれば、どのように手続をとればいいのでしょうか？　一つの出願で世界制覇できればコストパフォーマンス効果が良いことになるんですが」ということでした。

世界特許をとりたい。
どうすればよいのか
自動車部品メーカーの社長さん

Answer

◎**世界特許はありません。**

◎国別に特許をとることが必要とされます。

◎ただし、出願方法としては**各国統一したフォーマットによる国際出願（PCT出願）方法があります。**

知財博士

【弁理士よりワンポイント】

世界特許証
あなたの特許は世界特許
として認められました。
世界特許庁長官
夢でした！

世界特許はありません。従って、世界制覇特許もありません。

世界を制覇するには世界各国に国別に特許を出願し、特許を取得していくことが求められます。多くの国に出願すればそれだけ費用を必要としますので、出願国数は限界があります。世界知的特許取得協定ができればいいですが。

特許出願方法が国ごとに相違していては不便であるということで、特許出願方法を共通化して統一して行うことができるように、国際出願、いわゆるPCT出願といわれている方法があります。国際出願は、日本語による出願が可能です。日本の特許庁に国際出願として書類を提出します。この国際出願の日から30カ月以内に特許を取得したい国ごとに移行手続きをとって、各国に国内出願として出願継続させることになります。そして、国ごとの審査を経て国ごとの特許になります。

グローバル化の時代ですので世界共通特許ということが提案されていて、実現が意外と早いのではないかということもいわれていますが、今のところ実現の見通しはありません。

Q4 中小企業にとって、知財戦略は必要なのでしょうか？

質問！

青年経営者のAさんから「新聞などで報道される知財戦略について、一体どのような内容をいうのでしょうか」という話がありました。

「企業の知財戦略として、知的財産を事業に活用して利益を得ていくということは分かるのですが、具体的にはどのような活動をすることが会社に役立つ知財戦略になるのでしょうか」ということでした。

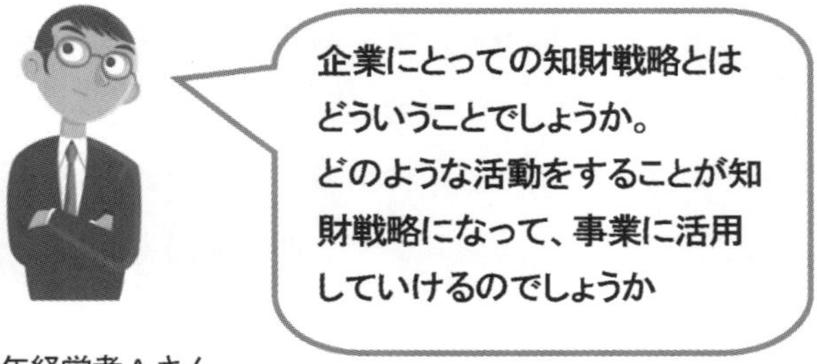

企業にとっての知財戦略とはどういうことでしょうか。どのような活動をすることが知財戦略になって、事業に活用していけるのでしょうか

青年経営者Aさん

Answer

◎知財戦略は、次の5段階で考えてみましょう。特許を例にとります。

第5段階　訴訟に持ち込める特許をとる
第4段階　たくさん特許をとって他社を圧倒する
第3段階　特許をとって事業戦略に沿って活用する
第2段階　特許出願して事業戦略に沿って活用する
第1段階　ノウハウとして意識的に社内保持する

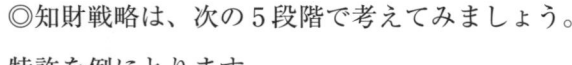

知財博士

【弁理士よりワンポイント】

知財の活用を考えてみましょう。

知財活用とは、製品開発を活性化し、自社が持つ知財をテコに競争上の優位性を築くことでありますし、このために製品模倣を阻止し、場合によってはライセンスにより金銭的収入の増加を目指すことでありましょう。

知財トラブルに強い企業とするには、商標を含め、企業内の何が知財に該当するのかを認識し、知財を確保していくことが求められるでしょう。特許をとっていこうとする姿勢は開発を強めます。

加えて、実際に権利行使に及ぶ企業であって、権利行使を辞さない知財で闘う企業であるという評価を得ることだと考えられます。権利行使に及ぶかどうかは別にしても、特許権を多数持つことは牽制のため重要なことですし、この場合に権利行使しやすいよう製品ごとに多観点からの知財権の集合化をしておくことが大切と思われます。

出願するだけでも経営目的に沿って活用できます。経営目的対費用の関係で、どの段階選択が妥当か判断されるものと思います。

Q5 企業、とくに中小企業の経営者が、知財問題に対し戸惑いを隠せないでいる！

質問！

電動工具メーカーの社長さんから「知財問題に関して経営の意思決定を行うためには、『技術』の視点と『法律』の視点が欠かせないが、出身が技術畑でないために、『技術』に弱く、『法律』にも疎いので、知財問題が一度生じるとなんともやっかいなテーマである」との話がありました。その結果、「ついつい専門部署に任せきり」ということになってしまう、とこのことでした。

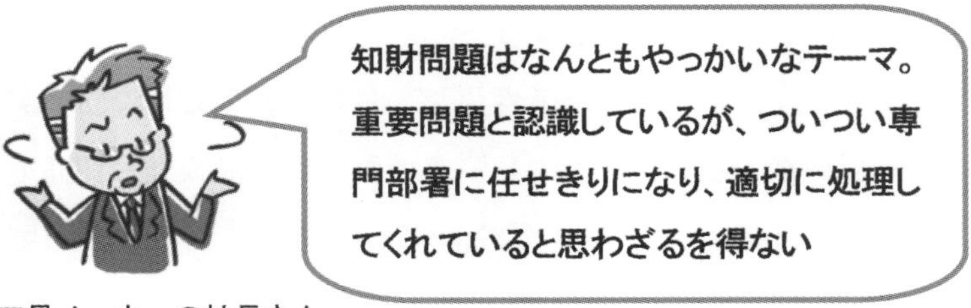
知財問題はなんともやっかいなテーマ。重要問題と認識しているが、ついつい専門部署に任せきりになり、適切に処理してくれていると思わざるを得ない

電動工具メーカーの社長さん

Answer

◎**知財問題は、もっとも重要度の高い経営テーマの一つ**です。一度活用してみますと。きっとおもしろい分野だと思われることでしょう。

◎知財で、大きな事業機会をつかむこともあれば、思いがけず大きなリスクを抱え込むことがあります。

知財博士

【弁理士よりワンポイント】

アメリカに輸出して
問題ありません
独占実施権者
それはよい！
大手企業等顧客

筆者の経験をお話しします。

大阪の部品メーカーの社長さんが、コンピュータデータファイルのパネルによる引き出しを簡単にした米国特許があることを知りました。

対応の日本特許があるかを調べてみましたが、ありませんでした。

通常、日本特許がなければ話は終わりです。しかし、この社長さんは、コンピュータデータファイルが多く米国に輸出されていることに目を付けました。そこで、社長さんはこの米国に出向いて、この米国特許について、日本から唯一社米国での販売権を認めるという独占実施権を取得しました。その上で、当該特許発明が実施された製品が米国に輸出されたときに、特許問題が発生しないことを新聞でPR致しました結果、製品がよく売れているとのことでした。大きな企業にも販路を広げておられます。

Q6 中小企業を取り巻く知財環境の変化の中にあって、どんな方策が有効なの？

質問！ 精密板金加工会社の社長さんから「中国がGNPで第２位となり、生産拠点が東南アジアに移行していくのは避けられないような中小企業を取り巻く環境の変化の中にあって、中小企業がとっておくべき知財方策とは何ですか」との問い合わせがありました。

精密板金加工会社の社長さん

中小企業を取り巻く知財環境の変化の中にあって、知財について中小企業がとっておくべき方策って何ですか？

Answer **◎顧客、競業者など、他社との関係で方策が定まってきます。**

1．創造（新技術の創造とこれに伴う知財確保／ニュービジネス創成とこれに伴う知財確保）

2．環境対応（発展する情報通信技術の自社製品への展開と知財確保／世界狭小化に伴う自社ブランドとしての商標の確保）

3．知財活用（自社ビジネスに即した知財活用戦略／ローヤルティ収益か製品販売促進かの経営方針／知財に対する侵害の監視）

4．業際対応（知財は他社とのビジネス関係においてメインテーマであり、他社への対応、すなわち外向きの対応が求められる）

知財博士

【弁理士よりワンポイント】

1．創造

従来と同様に新技術の創造とこれに伴う知財創造確保及びニュービジネス創成とこれに伴う知財確保が大切です。

エンジニアばかりでなく営業マンを含めてニュービジネスを創造し、特許をとっていきましょう。

2．環境対策

情報通信技術が発展し、世界が狭小化している状況にあっては、日本で商標を取得し、東南アジアで商標をとっておくことは必須になっています。また、職務発明規定を設けて社内発明を奨励していきましょう。

3．知財活用

ビジネス上、日本ばかりでなく特許取得国での知財活用戦略が求められます。取得した知財に対する侵害に対しては十分に監視しましょう。

4．業際対策

知財は、企業内の一つの業務として業際的ですが、見方を変えますと、他分野の業務あるいは他社との関係で、他分野あるいは他社との関係では中心に位置しています。経営の柱の一つに立て、他社に対する対策対応することが求められます。

Q7 知的財産は業際の分野にあるってどういうこと？　重要ではないってこと？

質問！

コンピュータソフトウエア開発会社の社長さんから、「知的財産は業務上業際の分野にあると聞いたが、どういうことですか」という問い合わせがありました。

自己のコンピュータソフトウエア分野において、知的財産が業際にあるとはどういうことだろうか、ということでした。また、業際にあることでどんなことを考えておくべきで、どんなことを実施していくのがいいのでしょうか、とも問われました。

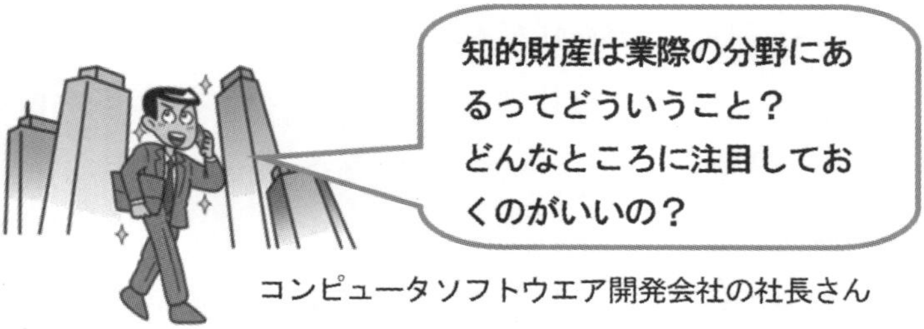
知的財産は業際の分野にあるってどういうこと？
どんなところに注目しておくのがいいの？

コンピュータソフトウエア開発会社の社長さん

Answer

◎知的財産は、自社の業務の観点からとらえるのではなく、他社とのビジネスとの関係で重要さをとらえるべきです。

◎知的財産は、例えば物の製造・生産自体ではない。社内の業務から見ますと、技術と法律との業際に位置しています。

しかし、ビジネス上の観点から見方を変えると、知財は、他社のビジネスに深く関係しているので、双方のビジネスの中央を占めているといえます。

知財博士

【弁理士よりワンポイント】

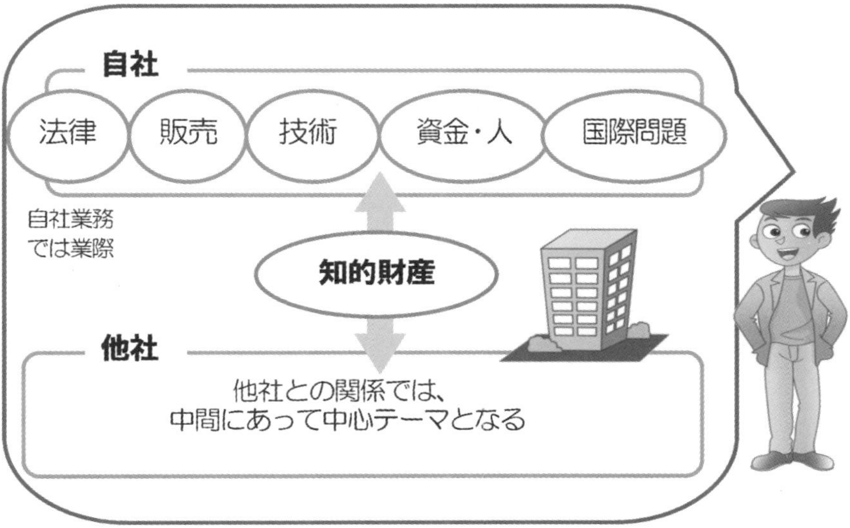
自社
法律
販売
技術
資金・人
国際問題
自社業務
では業際
知的財産
他社
他社との関係では、
中間にあって中心テーマとなる

あらゆる分野に精通された方はいません。この精通した領域に近いところにおられ、多様な知恵を融合できる位置におられるのが中小企業の社長さんでしょう。あらゆる分野のあらゆる問題に取り組み、解決していかなければならないです。中小企業の社長さんは、知的財産を保持し、自己のビジネスに活用するためのうってつけの位置におられます。あらゆる局面で知的財産が関係することで、知的財産を自己のビジネスに生かすことができることになるでしょう。

中小企業でこそ、知的財産は企業資産として、ビジネス上で活用可能です。

あらゆる分野のあらゆる問題に取り組みます工場長さん、設計部長さんも同様の位置におられますので、知的財産を自己のビジネスに生かすことができるでしょう。

Q8 情報通信技術が飛躍的に発達し、従来の枠組みを超えた新しい出会いとの関係を生み出しているときの知的財産！

質問！

Ａさんはある大きな電機メーカーの関係会社の社長さんです。この関係会社は情報通信技術を扱っています。Ａさんは、「情報通信技術が飛躍的に発達し、従来の枠組みを超えた新しい出会いと関係が生じてきている。特許を積極的にとるように」と社員に話しているそうです。Ａさんとしては「従来の知財管理を超え、新しい出会いと関係にマッチした知財管理方針を採用していきたい」とのことでした。

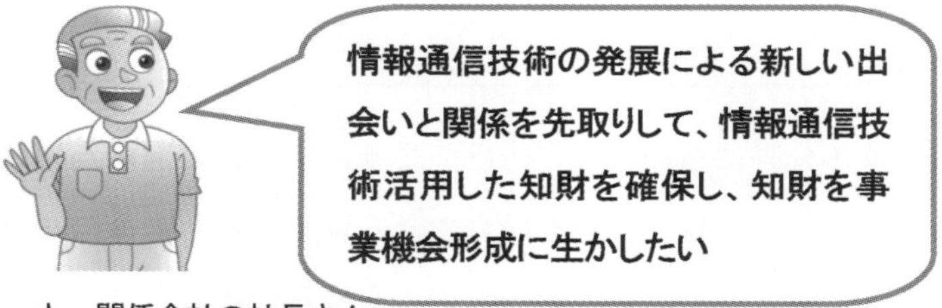
情報通信技術の発展による新しい出会いと関係を先取りして、情報通信技術活用した知財を確保し、知財を事業機会形成に生かしたい

電機メーカー関係会社の社長さん

Answer

◎情報通信技術の発展によって、新しい出会いが増え、新しいビジネスチャンスが到来しています。

◎会社をあげて、ビジネスモデルの特許化を図ると共に、ビジネスモデルを特許にするための研修会の機会を設けるようにしてはどうでしょうか。

知財博士

【弁理士よりワンポイント】

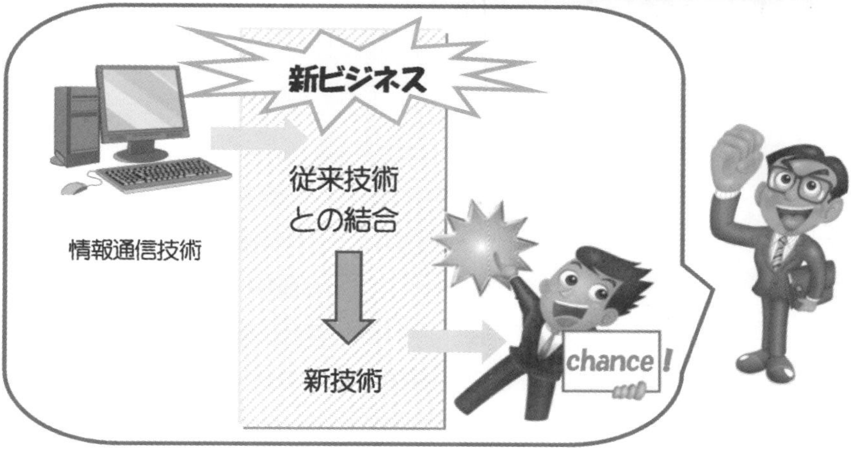

情報通信技術があらゆる製品に、地域に、そして家庭内にまで適用される状況になっています。従来の枠組みを超えた新しい関係を情報通信の視点から観察し、顕現化するようにして、ビジネスモデルについて知財を確保することが望まれます。

全社をあげて、ビジネスモデル発明を発案し、ビジネスモデル発明についての知財を確保し、ビッグチャンスをものにする方針を作られてはいかがでしょうか。このため、

【１】エンジニアあるいは営業担当の皆さんに、ビジネスモデル発明発想する機会を設ける。営業担当者が、顧客に密着したビジネスモデル発明を発想することはすばらしいことです。

【２】新しく作り出された情報通信技術活用の特許を取得するには、特許取得上のテクニックを要します。

【３】特許権を早期に取得してみる。このために、早期審査制度を活用してみるのも良いでしょう

Q9 ベンチャー企業にとっての特許は死活問題！

質問！

ベンチャー企業の社長さんから、新規アイデアに基づく事業製品についての特許を確保するうえで、行うべき事項、ならびに、事業展開に際しての知財問題を回避するための注意点について、問い合わせがありました。「公的機関から助成金による支援を受けるために特許取得は必須要件だが、事業展開すれば当然に追随者が現われてくることが予想されるので、追随を許さない知財対策を打っておきたい」とのことです

ベンチャー対応の新製品について、さらに新しくし、特許をとるとともに、ベンチャーを防御するに充分な特許としたい

ベンチャー企業の社長さん

Answer

◎特許を取得していこうという姿勢は、新製品をさらに新しいものにします。**新製品を特許、実用新案、そして意匠によってカバーしておくことが必須です。商標は登録しましたか？**

◎早期に資金調達が必要な場合、早期審査制度を利用して早期に特許取得することができます。

知財博士

【弁理士よりワンポイント】

ベンチャー企業成功率アップには、特許をとっておくことが必須です。特許は、事業商品・製品のオリジナリティーを保証する役目を果たすと共に、競合者の参入を阻止する役目を果たしますので、特許の取得は必須となります。

特許がありますと、公的機関などの助成金、補助金、さらには融資、ベンチャーキャピタルなどの支援を受けやすくなります。

マーケティングの方向に合致した特許に致しましょう。

複数の特許によってマーケティング方向のニーズのすべてを特許で抑えておく工夫が必要とされます。

早期に資金調達が必要な場合、早期審査制度を利用して早期特許取得すると良いでしょう。３～６週間で特許査定になることがあります。

特許以外にも、実用新案あるいは意匠を登録しておくことも考えておきましょう。パンフレットに記載する新製品・商品にしようとする商標の登録に早めに着手して、商標権を確保するようにしましょう。

Q10 海外特許出願は市場国ネライか、製造国ネライか？

質問！

携帯機製造メーカーの社長さんから、「予算が限られているので市場国、あるいは製造国に絞って特許出願をしたいが、どのようにすべきか」という問い合わせがありました。

「長年研究開発してきた製品であるので、市場国及び製造国の双方に出願したいが、予算が限られているので、いくつかの国に絞っての特許出願とせざるを得ない。日本にはもちろん特許出願している」とのことです。

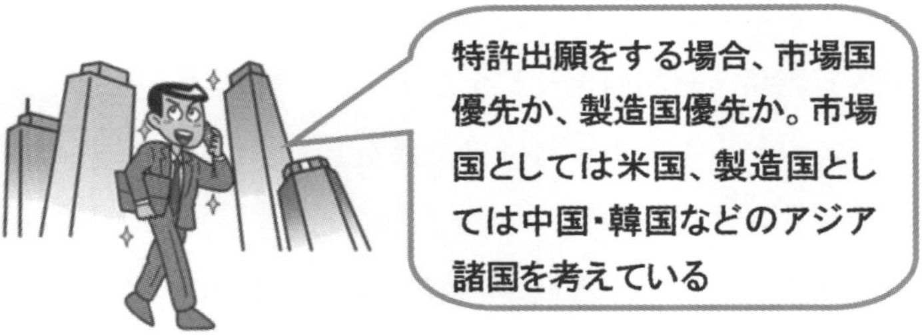
特許出願をする場合、市場国優先か、製造国優先か。市場国としては米国、製造国としては中国・韓国などのアジア諸国を考えている

携帯機製造メーカーの社長さん

Answer

◎事業方針にマッチさせ、**事業に強く活用できる国を優先して出願国を決めることになるでしょう。**

知財博士

【弁理士よりワンポイント】

僕は市場国優先で
知財の確保
私は製造国優先で
知財の確保

海外での事業展開には、特許などの知財を確保しておくことは必須です。市場国と製造国の双方国、トータルで５、６カ国出願するとなると、出願時と拒絶理由対応時の費用ですぐに数百万円に達してしまう恐れがあります。事業戦略に整合させ出願国を選定することになります。

出願国選定は、一般的には、製造国を優先して出願することが勧められます。製造企業にとって、模倣品の製造を差し止めるのが本来の問題を解決し、最も有効で手っ取り早いと思えるからです。特許交渉には米国特許が大きな力となることでしょう。アジア諸国での特許取得を考えてほしいと思います。

アジアは「世界の成長センター」といわれ、世界経済成長のエンジンの役割を果たすことが期待され、世界企業進出のラッシュ状態にあります。これらの国における知的財産保護のための法整備が急速になされてきています。特許をとったが執行力が問題とよくいわれますが、特許取得と、特許の保護活用に力を入れていくことで解決されることでしょう。

Q11 特許権侵害訴訟って有効？

質問！

計測メーカーの社長さんから、「特許権訴訟って有効なのか」という問い合わせがありました。社長さんによれば「製造する計測器について鋭意特許出願をして何件かの特許をとるにいたった。ところが、この計測器の特許を侵害するものと思われる計測器を同業他社が製造をして販売し始めた。その社の社長さんに会合の際に『特許権を侵害する製品を販売しては困る』と話したところ、『顧問の弁理士からこの特許は無効であるので特許侵害はない、といわれている。最近の判決では特許侵害が認められるケースは少ないので、訴訟しても勝てませんよ』との反論があった」とのことでした。

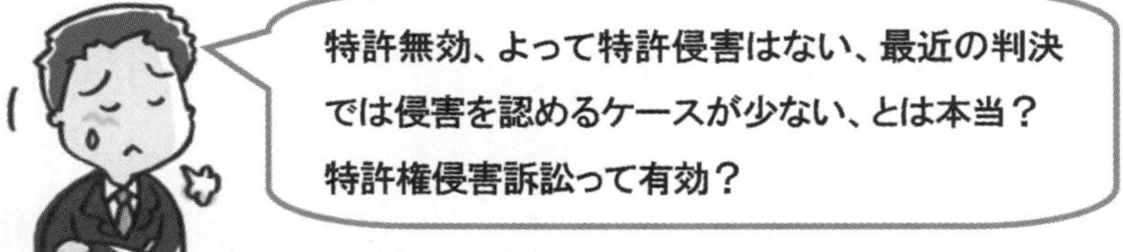
特許無効、よって特許侵害はない、最近の判決では侵害を認めるケースが少ない、とは本当？
特許権侵害訴訟って有効？

計測メーカーの社長さん

Answer

◎**特許権侵害訴訟**は、有効です。効果的に活用するために準備を整えましょう。

◎相手の言葉に迷わされず、**特許無効ではないことを明確にして、特許侵害警告を発してみましょう。**

◎まず、特許侵害事実の立証に注力しましょう。

知財博士

【弁理士よりワンポイント】

特許権侵害訴訟は事業戦略にとって極めて有効です。

ただ、特許権侵害訴訟に持ち込むのは最後の手段となります。

欧米企業の戦い方を見てみますと、特許権侵害訴訟を提起しておいて、裁判所外で特許交渉を並行して行うことが多いようです。

特許権侵害訴訟は、全社をあげての闘いとなることでしょう。大きな闘いとなりますので事前準備は慎重に、かつ十分に行うことが求められ、争いの過程での経営者の指示が大切になります。時期を見て経営上の判断で和解の可能性を見付け出していくことも大切です。

公知例調査して特許無効の原因がないか確認しましょう。

相手方製品の内容を図面化してみましょう。その上で、係争に際して、不足している資料がないのかチェックしてみましょう。

相手方が所有している特許を調査しましょう。

さらに、費用対策を立てることが求められます。裁判所に収めるお金、弁護士さん、弁理士さんに支払うお金、裁判で用いる技術説明モデルの作成に要する費用など、多額の費用出費が求められることになります。

Q12 輸入差し止めはどうするの？

質問！

おもちゃ製造メーカーの社長さんから、「アジアにおいて模造品が出回り始めた。残念ながらアジア諸国で意匠権などの知財を取得していなかった。しかし、日本では意匠権を確保することができた。アジア諸国で製造された模倣品が日本に輸入されるようであれば事業を守るために輸入差し止めをしたい。どうすれば良いのか」という問い合わせがありました。「模造品は性能に多少の難はあるものの販売価格が格段に安く、日本に輸入されれば苦戦はまぬがれず、試作を繰り返して製品化した努力が無になる恐れがある」とのことでした。

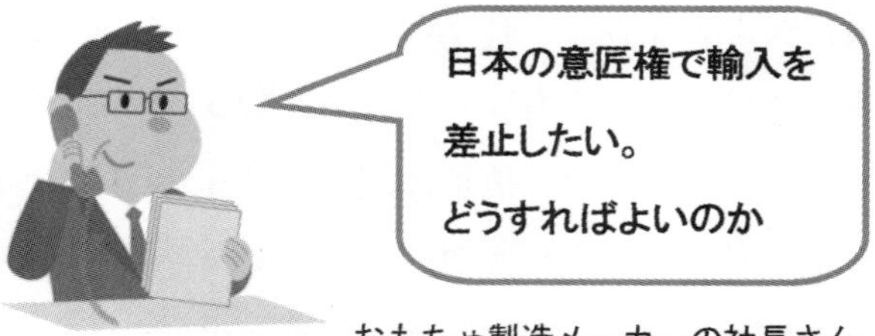
日本の意匠権で輸入を
差止したい。
どうすればよいのか
おもちゃ製造メーカーの社長さん

Answer

◎税関に申立書を提出しておきましょう。

◎この申立には、一定のフォーマットが必要とされます。

知財博士

【弁理士よりワンポイント】

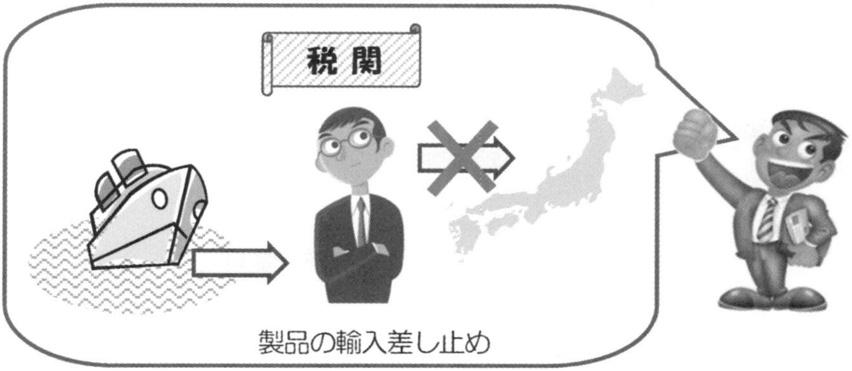

日本でのみ意匠権をとっているときには、意匠権の効力は日本国内においてしか認められません。

外国で意匠権がないために意匠権を侵害することなく製造された製品であっても、日本に持ち込まれることは意匠権の侵害となります。輸入すること自体意匠権を侵害することになります。

日本国内での販売も、販売の申し出も、意匠権侵害です。

意匠権を侵害する模倣品は、輸入差止申立制度を利用することで輸入を差し止めることができます。輸入差止申立制度を利用するには、税関に輸入差止申立書を提出することになります。

この申立書には､意匠権の内容を証明する意匠公報などを添付します。

本物と模倣品の見本、写真、鑑定書などを添付します。

申立書は､各税関の知的財産調査官に対して申請することになります。

最近の輸入差止件数は毎年増える傾向にあります。

意匠権以外の特許、商標などの知的財産権による輸入差止をする場合も、同様に申立をします。

Q13 中小企業経営における特許情報って？

質問！

コンピュータ部品メーカーの社長さんから、ライバル会社の知財動向を常時把握しておきたいとの話がありました。

社長さんによれば、「これだけ情報通信技術が発展し、日本、中国、米国においても毎年30万件以上の特許出願が公開されている状況であり、これからの企業にとって、膨大な特許情報から企業経営における有益な情報を、分かりやすい形で必要最小限の量の公報を選択し、取得していくことが大切」とのことでした。

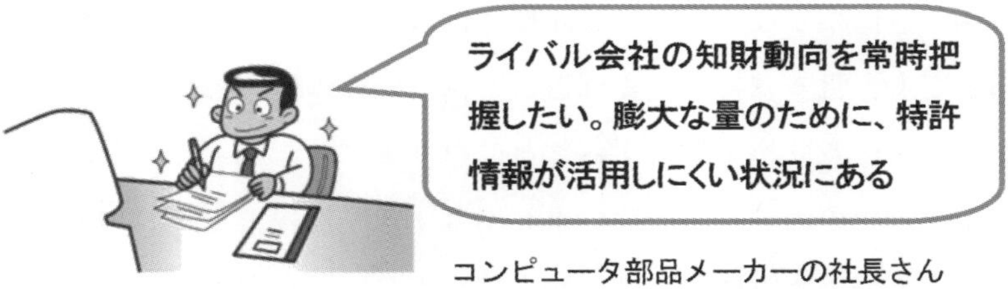
ライバル会社の知財動向を常時把握したい。膨大な量のために、特許情報が活用しにくい状況にある

コンピュータ部品メーカーの社長さん

Answer

◎**事業関係の特許情報**をすみやかに収集しましょう。

特許情報を選択しながら常時把握して、技術開発に生かしていきたいですね。

知財博士

【弁理士よりワンポイント】

１．公知例
２．技術開発動向
３．無効主張資料
４．技術書・権利書
５．企業内教育資料
いろんな機能を持っています。
特許公報を
見ましょう

特許公報の最大の用いられ方は何でしょうか。それは従来公知であった事実を示すことでの使用でしょう。

各企業が特許出願するときに、特許公報調査の対象によって公知情報を調べることになります。この公知例調査なしには特許出願するかしないかの判断をすることは不可能です。

特許公報からは、内容を分析、加工することで競合企業の製品別、発明者別の技術開発動向を知ることができる場合があります。

特許公報はまた発明のヒントを与えてくれます。各種の解決方法が記載されています。明細書作成の手本になります。

特許侵害判断するに際して、技術水準設定に特許公報が用いられます。

一定のルールに従って記載されていますので、読みつけますと読みやすくなります。筆者は、特許公報を読むときには、請求項、次いで実施例から始めます。これらからですと、読みやすいのです。

自社の製品でとくに興味のある部門を限定し、その上で配布資料を限定して入手するのが良いでしょう。

Q14 アメリカの特許の付与の仕方は日本のそれとはどう違うの？

質問！ 通信機部品メーカーの社長さんから、「アメリカの特許の付与の仕方は、日本のそれとどう違うのか」という問い合わせがありました。「同業他社では、エンジニアに発明の記録を日誌的に行わせて、アメリカでの特許取得に万全を期している。一方、自社はアメリカ特許出願を毎年何件も行っているが、発明の記録まではさせていない」とのことでした。

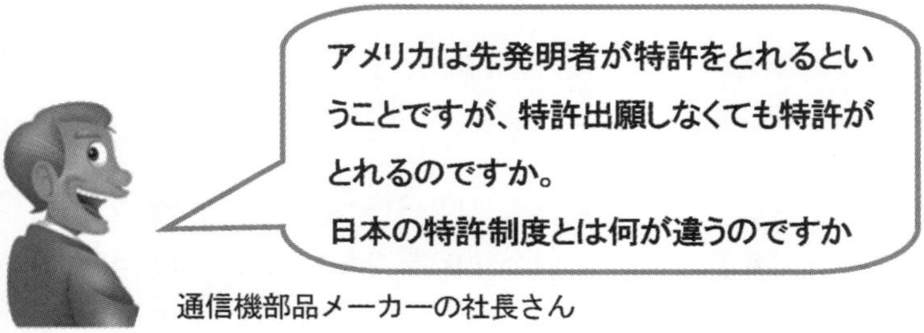
アメリカは先発明者が特許をとれるということですが、特許出願しなくても特許がとれるのですか。
日本の特許制度とは何が違うのですか

通信機部品メーカーの社長さん

Answer ◎**アメリカは先発明主義**といって、先に発明をした人が特許出願をしたときに特許をとれるシステムを採用しています。

◎発明日の立証はかなり難しい作業になります。アメリカの企業では発明日の立証を容易にしたり、最先発明を誰がしたかを立証したりするために、発明記録を毎日つけさせるようにしています。

◎**日本では、**先に特許庁に特許出願した人が特許をとることができる先願主義を採用しています。

知財博士

【弁理士よりワンポイント】

【日本】
先願主義
特許庁
出願書類
急ごう！

【アメリカ】
先発明主義

アメリカでは、先発明主義といって、先に発明した人、すなわち先に発明をしたと立証できた人に特許を付与しています。

先に発明をしたかどうかの立証はとても難しい場合があります。このためアメリカの企業ではエンジニアに毎日の研究開発での発見や、創造したことを記録し、上長がサインすることを行って発明日を大切にしています。アメリカでは、発明をじっくり練って完成度を高めて出願する傾向があります。

もう一つの大きな違いは、日本では、特許は請求項の数が多くても８～10個ぐらいですが、アメリカでは、特許は関連多発明が10以上もの多くの請求項で保護されます。「日本の特許がお茶漬けの味がするのに対し、アメリカの特許はビフテキの味がする」と評する人がいました。

それぞれの特許システムに一長一短があります。

商標についても同様の違いがあります。アメリカでは特許庁に登録しなくても使用によって権利が発生しますが、登録しておけば、それだけ使用したことの実証に役立ちます。日本では使用しなくても登録されますが、使用事実の提出を求められることもあります。

Q15 PCT（特許協力条約）出願のメリットは何なの？

質問！

電子部品メーカーの社長さんから、PCT（特許協力条約）出願のメリットについて問い合わせがありました。

社長さんの会社では、今までPCT出願をしたことがないそうですが、「日本の特許庁に出願することで、各国に出願したことになって、費用が安くなるのであれば、PCT出願したい」とのことでした。

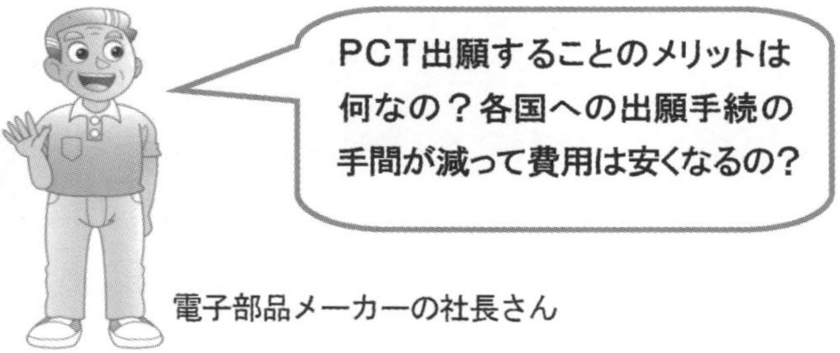
PCT出願することのメリットは何なの？各国への出願手続の手間が減って費用は安くなるの？
電子部品メーカーの社長さん

Answer

◎PCT出願（特許協力条約に基づく国際出願）するかどうかは、研究、開発の状況、製品化・商品化計画の状況、さらには公知例把握の状況をみて、**優先権主張ルートとの対比でどちらのメリットが大きいかで判断する**ことになりましょう。

知財博士

【弁理士よりワンポイント】

経営者
特許庁
発明者
PCT 出願しておいて、
外国出願するかどうか
じっくり考えましょう！

判断項目

1. 研究、開発の状況
2. 製品化・商品化の状況
3. 公知例の状況
4. 予備審査あるいは
早期審査による審査状況
5. トータル費用

PCT出願しても、あるいは優先権主張による出願をするにしても、いずれは国ごとの国内出願となって国別審査になることは同じです。

PCT出願の最大のメリットは、外国出願するかどうかの判断をPCT出願から最大30ヵ月内ですることができることにあります。判断を後送りしても、この間に公開された公知例によって拒絶されないということになります。

研究・開発の進捗状況を反映し、報告されてきた公知例状況を見て、予備審査の状況を見て、重要でないとされた出願を外国出願しないことで、出願費用を節減できます。

外国出願することを決定している場合には、優先権を主張して早めに手続きをとられるのがいいでしょう。

研究あるいは開発上の重要な成果であって外国出願もしたいと思っているようなときには、特許庁に早期審査を要望することで、日本における審査状況が早期に明確になりますので、早期審査と連関して、PCT出願にするかどうかの決定をされるのも良いと思います。

Q16 公認会計士さん・税理士さんとの経理相談のときに、知財問題についても相談に乗ってもらいたい！

質問！

通信情報機器製造メーカーの社長さんから、公認会計士・税理士さんとの経理相談のときに、ビジネスの一環として知的問題についても相談したいとの話がありました。

知的問題も根本的には経理問題の一つであると認識しているとのことでした。

我社の経理相談のときに、公認会計士さん・税理士さんに知的問題も相談したいんだけど！

通信情報機器製造メーカーの社長さん

Answer

◎経理が社内的業務であるのに対して、知財は社外向のビジネスに関係しますので、知財に公認会計士・税理士さんが関与することは少なかったと思います。

◎経理上の問題から発展して、社外間のビジネス上の知財問題に関係するときがありますので、このようなときに、公認会計士・税理士さんに相談していただければ良いと思います。

◎公認会計士・税理士さんは技術専門家ではないのが一般的でありますので、**知財については弁理士への中継ぎがなされますと、知的問題の解決になると思われます。**

知財博士

【弁理士よりワンポイント】

社長さんから、常日頃おつきあいがあって気ごころの知れた公認会計士･税理士さんへ知識問題の相談をされ、この知識問題が弁理士にキャッチボールされれば、公認会計士・税理士さんと弁理士とが多様な知恵を融合する環境を作ることができ、きっと有効なアドバイスが社長さんになされることでしょう。

公認会計士さん・税理士さんに経理相談のときに知財問題についても相談していただきたいものと思います。要約すれば、次の事項になることでしょう。

【創　　造】 新技術創造とニュービジネスの創造と、これに伴う知的財産の創造

【環境対策】 IT技術の発展に伴って商標を登録しておくこと、及び既存技術にIT技術の組み合わせ対策を図ること

【知財活用】 ビジネスに知財を効果的に活用すること、取得知財に対する侵害監視

【業際対策】 知財は、企業内業務では業際にありますが、他社との位置関係では中央に位置して中心的課題として、ビジネスの柱の一つとなってまいりました。

Q17 弁理士さんに製品企画のときから相談に乗ってもらいたい！

質問！

太陽熱発電設備メーカーの社長さんから、「新製品を開発することになり、弁理士さんに企画の段階から知財保護について相談に乗ってもらいたいと思っている。ただ、秘密保持の問題と費用にいくら要するのかが分からず、依頼できないでいる」と話がありました。「新製品は会社の柱となる製品の一つにあるものなので、特許網を形成し、保護に万全を期したいとの希望を持っている」とのことでした

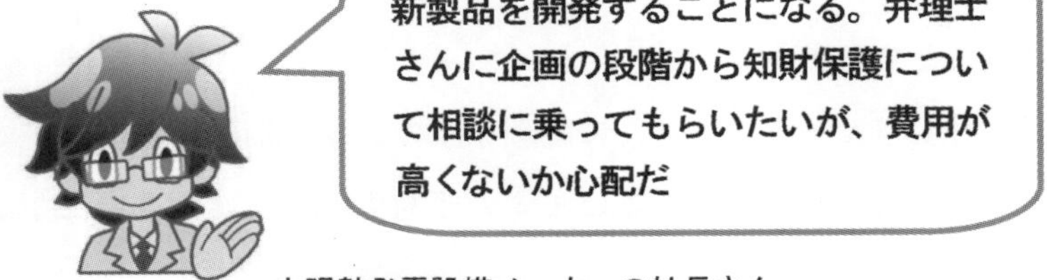
新製品を開発することになる。弁理士さんに企画の段階から知財保護について相談に乗ってもらいたいが、費用が高くないか心配だ

太陽熱発電設備メーカーの社長さん

Answer

◎企画の段階から弁理士に依頼しましょう。見積りを提出してもらい、契約を締結し、費用を明確にしてはどうでしょうか。

◎弁理士には職業上知り得た情報について秘密保持義務がありますので、外部に漏れる心配はありません。

ご心配であれば、秘密保持契約も合せて締結してはどうでしょうか。

知財博士

【弁理士よりワンポイント】

企画会議
企画の段階から
弁理士を
参画させましょう！
弁理士
弁理士
契約しましょう

企画の段階から弁理士を参画させますと、適切に特許出願用の明細書及び図面が作成されることでしょう。

また、連係のとれた特許出願となって権利に穴のない特許網が形成されることになるでしょう。

依頼された弁理士は公知例を調査し、適切な請求項を作成することでしょう。

費用については、あらかじめ弁理士との間で契約を締結し、相談の範囲、相談の時間、相談に要した時間に対する対価、特許出願費用を取り決めておくことをお勧め致します。

秘密保持の問題ですが、弁理士には職務上知った情報を外部に漏らしてはならない義務があり、漏らしたときには罰則が科されることになっています。弁理士から外部に開発情報が漏れることはありませんので、安心して企画の段階から弁理士に相談していただきたいと思います。

★雑　談★

特許出願の動機についてうかがいました No.1

画面の出し方が
ユニークで
大変よいですね
顧客
よし、特許出願してみよう！

顧客の意見

特許出願の動機についてうかがいました No.2

新しい工夫を
思いつきましたので、
特許出願します
我が社は
特許出願を奨励
いたしますぞ！

社長さんの熱意

こんなときに特許の種が生まれる いや、すでに生まれている!! No.1

一見、ささいでもよさのあるところに、特許の種があるようね

今までにないよさがある

こんなときに特許の種が生まれる いや、すでに生まれている!! No.2

ロボット猫を作
りますぞ。
技術課題は……
ヨロシクネ

技術課題を説明するとき

第2章

「商標について」の話

知財博士

Q18 商標をとりたいのだけど何を準備すればいいの？

質問！

不動産会社を経営する社長さんから「商標を登録したいが、何を準備すればいい？」との問い合わせがありました。

この不動産会社は、多角化事業を推進しており、事業内容を現す商標を使用しています。それら各商標について登録したいが、これまで商標登録したことがなく、誰に相談すれば良いか、また何を準備すればいいのか教えてほしい、とのことでした。

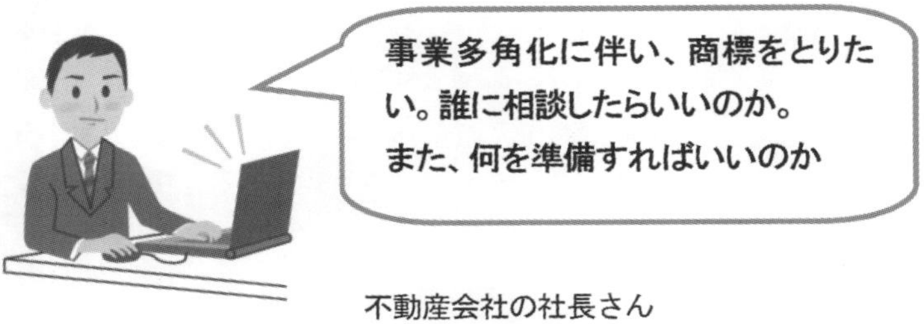
事業多角化に伴い、商標をとりたい。誰に相談したらいいのか。
また、何を準備すればいいのか

不動産会社の社長さん

Answer

◎**事業に使用する商標は、他社の事業と区別できるよう商標登録し、ビジネスに混同が生じないようにすることが大切**です。

◎最寄りの弁理士さんに相談してみましょう。

◎何を準備すればよいか、弁理士さんが説明してくれることでしょう。

知財博士

【弁理士よりワンポイント】

事業に使用する商標は、他社の事業と区別できるようにして、商標登録し、ビジネス混同が生じないようにしたいという社長さんの話はもっともです。

商品あるいはサービスについての経営業績は、商標に蓄積されてまいりますので、商標の使用に伴い、商標の価値は増大していきます。このような商標は、商標登録をして保護し、知的財産権として経営資源にしておきましょう。

商標登録出願（商標出願のこと）についての相談は、商標登録を業務の一つとしている弁理士に相談しましょう。

何を準備すれば良いか、弁理士が教えてくれるでしょう。基本的には、《使用をする商標》と《使用する商品あるいは役務（サービス）の内容を示すもの》になります。

使用する商標は、通常、使っている状態での文字商標あるいはロゴ商標となります。使用する商品あるいはサービスは、事業内容を示します。

Q19 商号と商標の違いは何？

質問！

近々、飲食店を開業するAさんから、「店の名称を商号として登録したが、友達のBさんから商標についても登録した方が良いとアドバイスを受けた」との話がありました。

Aさんとしては「商号として店の名前を登録したのだから、さらに商標として登録しなければならない理由が分からないし、商標登録には多額の費用を要するようなので、できれば商号一本でカンベンしてほしい」との考えです。

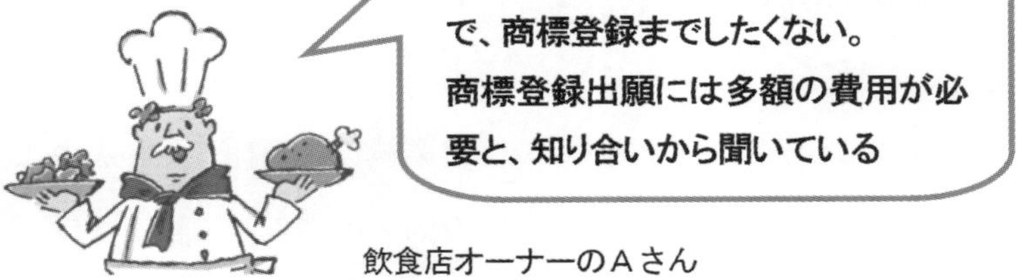
店の名称を商号として登録したので、商標登録までしたくない。
商標登録出願には多額の費用が必要と、知り合いから聞いている

飲食店オーナーのAさん

Answer

◎商号と商標では、権利の発生の仕方が異なります。

◎飲食店を開業する際には、のちのちのトラブルを避けるためにも、商号とは別に、店の名称を商標として登録しておいた方が良いでしょう。

◎出願を弁理士に依頼した場合、出願費用は、おおよそ10万～15万円程度でしょう。

知財博士

【弁理士よりワンポイント】

商標権は日本すべてをカバーします

商号とは、商売をする人（商人）が営業上、自己を表現するために店などに用いる名称をいいます。

商号権は、原則として登録の有無にかかわらず認められます。

商標は、商人が商品やサービスについて使用するものをいいます。商標権は他人より先に出願して、特許庁における審査を経て、登録されることで発生します。商標権の独占使用権は、日本すべてに及びます。

商号の略称が商標として登録されることがあります。その例として、日本冷蔵（株）の日冷、日本パルプ（株）の日パル、日本水産（株）のNISSUI、日本曹遠（株）の日曹、東洋パルプ（株）のトーパルなどがあげられます。

商号を商標登録出願しておくことは知財確保の上で重要な戦略になることでしょう。

Q20 商標係争事件

質問！

運送会社の総務部長さんから「商標を巡る係争事件にはどのようなケースがあるか」という質問がありました。

「インターネット時代になり、運送業界にとっても競業者は全国区となった。どの地方の運送会社も競争相手であり、自社商標は他社のサービスとの違いをお客さんに認識していただくためにも重要になってきているため、役員会議にかけて商標登録したい」とのことでした。

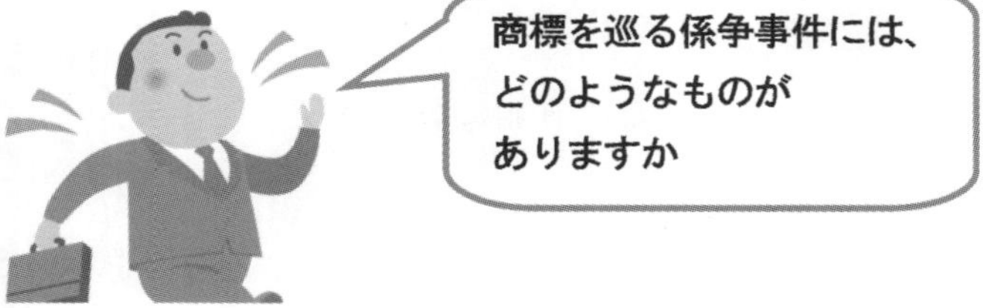

商標を巡る係争事件には、
どのようなものが
ありますか

運送会社の総務部長さん

Answer

◎いくつか事例を紹介します。

◎商標を巡る係争は頻繁におきています。

◎最近では、森永製菓が名糖産業を「チョコボール」商標権侵害で訴えました。

知財博士

【弁理士よりワンポイント】

商標係争事件を紹介します。

商標係争は今すぐにでも
発生する可能性が！
備えが欠かせません

サムコ事件（商号、会社名の商標係争）

商標権者（原告）
サムコ株式会社
商標　登録第2112821号
サ ム コ
samco

被告会社
株式会社SUMCO
被告商標
SUMCO
サムコ

被告は、商標権侵害を認め、和解

浅草・人力車の雷はっぴは「似過ぎ」と京都の人力車業者が提訴

商標権者（原告）
京都観光案内業
エビスエンタープライズ
商標　雷

被告会社
浅草人力車業者プラネス
被告商標

商標の使用禁止と800万円の損害賠償請求（京都地裁）

イオンに商標権侵害の判決

原告
大坂すし店　小鯛雀鮨　すし萬
商標　**招福巻**

被告
大坂すし店　小鯛雀鮨　すし萬
使用商標　**十二単招福巻**

大阪地裁…イオンは商標権侵害

↓

大阪高裁…逆転判決　イオンは商標権侵害しない
≪判決理由≫多くのスーパーで「招福巻」が使用されるにいたっていた。

Q21 日本で使用中の商標が、中国で先に登録されてしまう事例が発生！

質問！

おもちゃ部品製造メーカーの社長さんから「日本の有名な商標が中国で何の関係もない人に商標登録されて困っていると聞いているが、どのようなケースがあるか」と質問されました。

この製造メーカーは「これまでは自社ブランドで製造したことがなかったので、中国における商標にまで興味はなかったが、新しいユニークなおもちゃについて自社商標を日本で登録したことに伴い、中国における生産も考えている」とのことでした。

「クレヨンしんちゃん」が中国で先に登録されてしまったと聞きました。他にもこのような事例がありますか。
中国で商標登録するのは大変ですか

おもちゃ部品製造メーカーの社長さん

Answer

◎日本で有名な商標が、中国で登録されてしまって困った事例がたくさん生じています。

◎日本だけでなく、**中国でも商標登録しておくことが自社ブランドを守るうえで大切です。**

◎中国では年間100万件近い商標が出願されています。

知財博士

【弁理士よりワンポイント】

2010年８月31日付の朝日新聞に
中国で「有田焼」が商標登録されてしまい、
本物なのに「有田焼」が名乗れない、
ということが報道されました。
他に、讃岐うどん、宮崎、山梨勝沼、青森
の名称がとられてしまっています

日本でも同様に、
商標を使用
できなくなる
恐れがあります

ＪＥＴＲＯ北京センターの「ニセモノ展示館」に展示されている「クレヨンしんちゃん」のデッドコピーの海賊版

中国で商標登録することは難しくありません。日本同様と考えて下さい。この場合に、◎中国は一出願一区分制度であること　◎中国で使用する商標そのもの（発音通りに作成し直す場合はその発音通りの商標）を出願することに致しましょう。

日本側で作成した商標は、中国に持って行ったときに、中国側からみますと別の意味になることがあります。このようなケースでは、あらかじめ中国代理人にチェックを依頼しておくことをお勧めします。

中国商標登録に要する費用は、おおよそ10万～15万円程度でしょう。事務所によってはもっと安く引き受けるところもあるようです。

Q22 商標登録事例

質問！

運送会社の社長さんから「自社の会社名について商標登録できるのか」という問い合わせがありました。

社長さんによれば「会社名と会社ロゴを今まで商標登録してこなかったが、会社名と会社ロゴを商標登録し、自社商標として自社ブランドの価値を高めていきたい」とのことです。

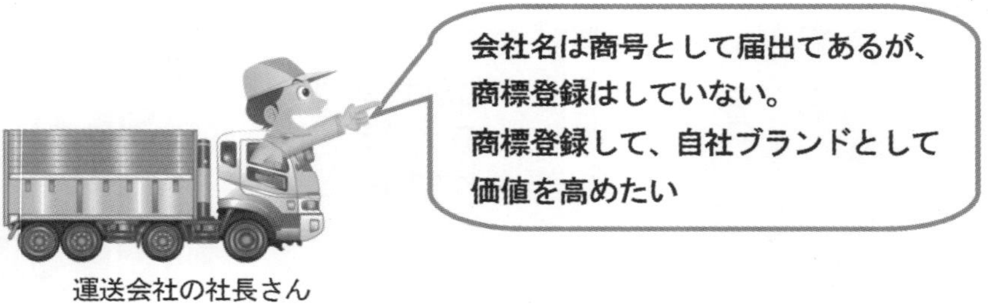

会社名は商号として届出てあるが、
商標登録はしていない。
商標登録して、自社ブランドとして
価値を高めたい
運送会社の社長さん

Answer

◎自社ブランドの管理は大切なことです。事業に用いる商号、会社名、会社ロゴは、商標登録しましょう。

◎会社ロゴの単独使用がある場合には、標準文字としての会社名以外に、会社ロゴを別件として商標登録出願します。

知財博士

【弁理士よりワンポイント】

ビジネスをする時に、
商標登録が必須です！

◆商号、会社名の商標による保護実例（東京エコリサイクル株式会社及び麺亭）

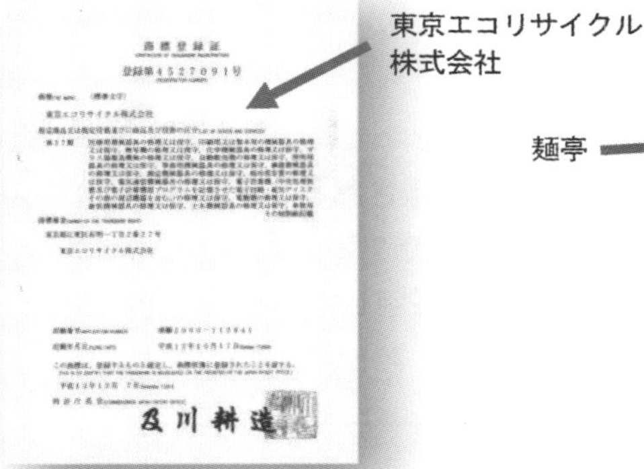
東京エコリサイクル
株式会社

麺亭

◆商品・製品・サービス業務の商標による保護の実例（ひたちの森）

ひたちの森

◆ロゴマークの商標による保護の実例（医療法人のロゴ）

ロゴマーク

Q23 立体商標って？

質問！

飲食店を営む店長さんから「立体商標についても登録されると聞いたが、商標登録されるか」という問い合わせがありました。また「当店でサービスする食品は、香りに独特のものがあり、これが他店の食品と区別する顕著な性格となっているが、このような場合は商標登録されないのか」という質問もありました。

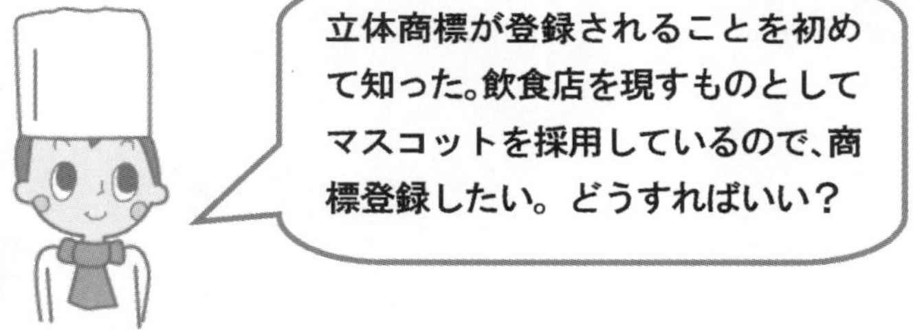
立体商標が登録されることを初めて知った。飲食店を現すものとしてマスコットを採用しているので、商標登録したい。どうすればいい？

飲食店の店長さん

Answer

◎立体商標は登録されます。たくさんの事例があります。

◎商標が文字、図形、記号などからできていて、立体的形状をしている場合には立体商標として登録を受けられます。

◎立体商標であることを願書に記載して出願します。

◎香りや音は、現在登録の対象になっていません。

知財博士

【弁理士よりワンポイント】

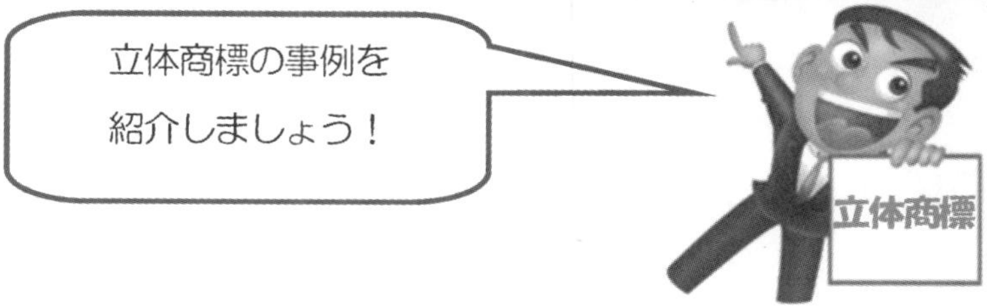
立体商標の事例を
紹介しましょう！
立体商標

（商標登録　第４１５７６１５号）

（商標登録　第４４１５０６１号）

Q24 事業内容を示すサービスマークは権利化しよう！

質問！　サービス会社の社長さんから「提供しているサービスマークは商標登録されるのか。商標登録されるのであれば、商標登録したい」との話がありました。

この会社では、インターネットを駆使してビジネスを展開しており、「各ビジネスにサービスマークを使用しているので、各サービスマークについて商標登録したい」とのことです。

サービスマークを
商標登録したい

サービス会社の社長さん

Answer　◎サービスマークはたくさん登録されています。

◎サービスマークは、会社看板となっている場合が多いので、商標登録して自社ブランドとしての価値を高めましょう。

◎公共団体からの出願が増えています。

知財博士

【弁理士よりワンポイント】

ビジネスに使用するマーク
は、登録しておきましょう！

◆事業内容を示す例 （ＰＡＴＳシステム）

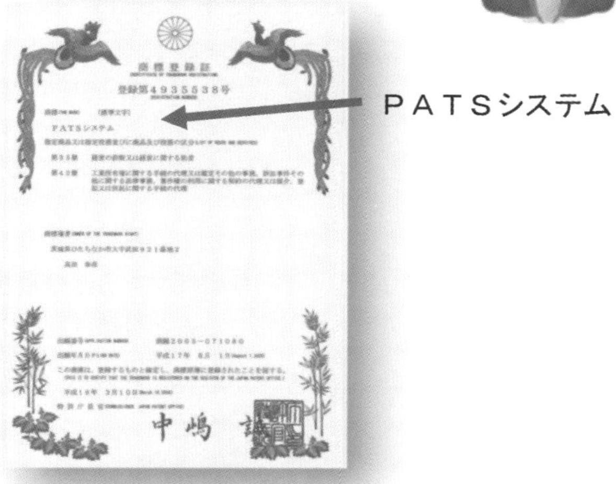
商標登録証
登録第４９３５５３８号
ＰＡＴＳシステム
中嶋 誠
ＰＡＴＳシステム

◆インターネットに用いる例 （こちら特許部）

商標登録証
登録第４９８５８０４号
こちら特許部
中嶋 誠
こちら特許部

Q25 商標登録されるための条件って？

質問！

商工会議所の研修部長さんから「商工会議所の会議の際に商標登録の大切さを話したい。どんな商標であると登録されて、どんな商標であると登録されないのか、商標自体に求められる条件について教えてほしい」との問い合わせがありました。

商工会議所ではインターネット時代において、商標登録が重要であると折に触れて会員にPRしています。このときに、商標自体に求められる条件をインターネットを介して各会員にお知らせしたいとのことです。

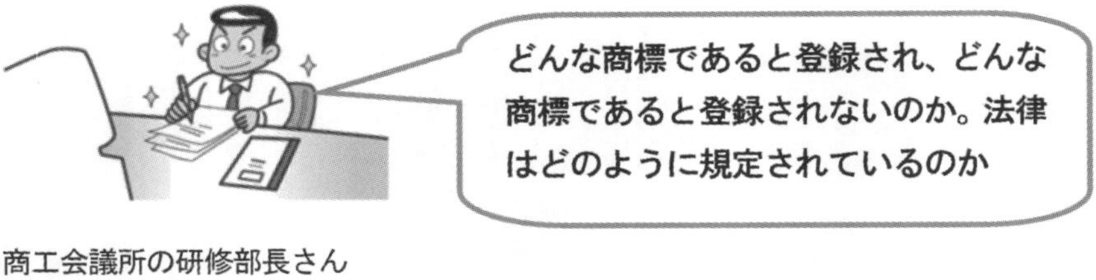
どんな商標であると登録され、どんな商標であると登録されないのか。法律はどのように規定されているのか
商工会議所の研修部長さん

Answer

◎商標法は、商標登録の要件を第3条に、そして商標登録を受けることができない商標を第4条に規定しています。

「おいしいマグロ」じゃ
商標はとれませんよ
新・商・売
知財博士

【弁理士よりワンポイント】

◆商標登録を受けることができない商標 〈商標法第３条〉

１）商品の普通名称、慣用商標

２）商品の産地、販売地、品質、原材料、効能、用途、数量、形状、価格、生産・使用の方法・時期、役務の提供場所、質、提供の用に供する物、効能、用途、数量、態様、価格・時期

３）ありふれた名称

４）極めて簡単で、かつありふれた商標

５）需要者が何人かの業務に係る商品・役務であることを認識することができない商標

ただ、長年使用されたことによって識別機能を有するものについては商標登録される旨の例外規定がなされています。

◆商標登録を受けることができない代表的な商標 〈商標法第４条〉

１）国旗、菊花紋章など

２）他の国の紋章

３）国際連合を表示する標章

４）赤十字標章

５）国もしくは公共団体の標章

６）公の秩序、善良の風俗を害するもの

７）他人の肖像、他人の氏名

８）他人の商品・役務として著名な商標

９）他人の先願の登録商標

10）他人の業務に係る商品・役務と混同する商標

Q26 商標類似って？

質問！

家具製造メーカーの社長さんから「商標類似の例を教えて下さい」との話がありました。

社長さんからは「どのような場合に、商標が類似していると扱われるのか、具体例を知りたい」とのことでした。

商標類似の具体例を
教えてください

家具製造メーカーの社長さん

Answer

◎お互いの商標の外観・称呼あるいは観念のうち、**一つでも類似していれば、それらの商標は互いに類似しているもの**とされます。

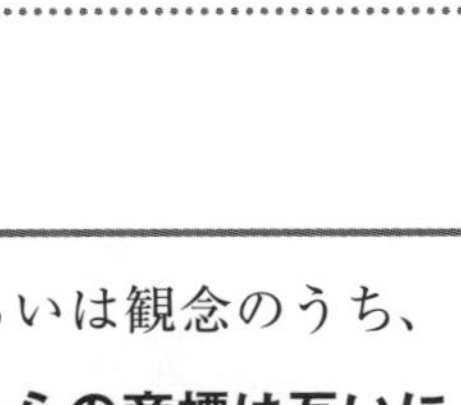

知財博士

【弁理士よりワンポイント】

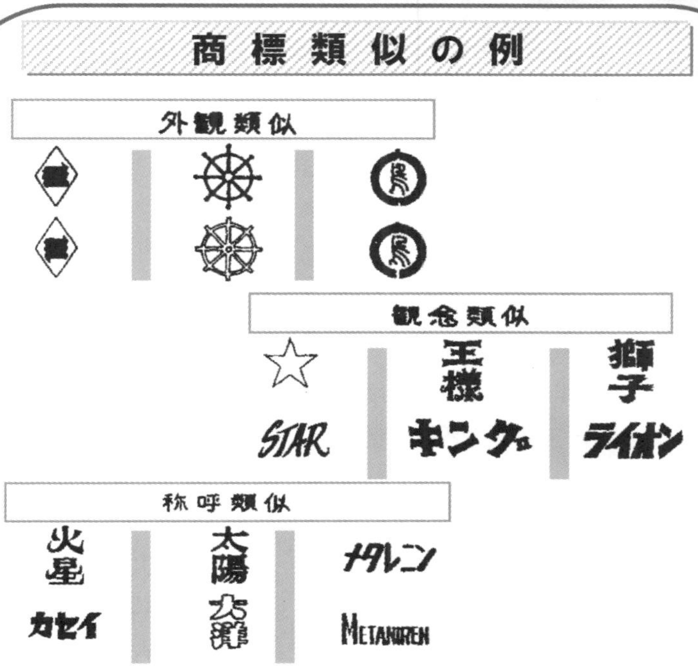
商標類似の例
外観類似
観念類似
王様
獅子
STAR
キング
ライオン
称呼類似
火星
太陽
メタレン
カセイ
METANREN

（特許庁編「商標出願のてびき」から）

【商標の類似、非類についての一般的基準】

お互いの商標の外観、称呼あるいは観念のうち、一つでも類似していれば、それらの商標は互いに類似するものとされます。

外観が似ていても、「普通の人がそれぞれの商標を時と所を異してみた場合にも、似ているか」ということの判断が求められます。

なお、商品又は役務の類似は、商品取引、役務の提供の実績により、生産、販売、役務の提供の場所が同じかなどを総合的にみて判断されるとされています。類似商標の使用は商標権侵害なりますので注意しましょう。特許庁では、商品の類似区分をまとめて発行しております。

Q27 商標登録して商標権を得ることによるメリットは？

質問！

圧延材製造メーカーの社長さんから「登録した商標は１件もないし、商標登録していないことによる不便、不都合がまったくない。当社の商標が、他社によって使用されることがあるとは考えにくい。このような状況下で、わざわざ商標登録して商標権を得るメリットはどのようなことなのか」という問い合わせがありました。

社長さんによれば「会社使用の商標を登録しなくても、立派に仕事を継続し、そこそこ利益を得ている状況にあり、商標権を取得するメリットが分からない」とのことでした。

商標登録しなくても、利益は出ています。商標登録して商標権を確保することのメリットは、何なんでしょうか

圧延材製造メーカーの社長さん

Answer

◎今まで、ご使用の商標についてトラブルに遭遇されなかったのはラッキーであったというべきでしょう。

◎今後とも、類似の商標が現れて、商品の混同を生じないとは限りません。

◎商標権を確保することで、商標使用上の安全を確保しておきましょう。

知財博士

【弁理士よりワンポイント】

商標の使用
当方の商標を無断で使用されては
困ります！

長年の商標使用によって不正競争防止法上の保護を受けているということが考えられますが、不正競争防止法の保護は、需要者の間に広く認識されている場合に限られます。ですから、今まで、ご使用の商標についてトラブルに遭遇されなかったのは、ラッキーであったというべきでしょう。

もうかっている商品については、他者が類似の商標を使用してくることはよくあることです。

商標登録しておくということは、将来にわたる商標の安全使用を確保するということになり、保険に似た性格があります。さらに、「いざというときの商標権」という正宗ほどの切れ味を示すことにもなります。

商標出願に要する費用ですが、弁理士に依頼しても、指定商品・サービスが一区分数であれば、約10万～15万円程度で商標出願が可能といえるでしょう。（Q35を参照下さい。）

Q28 商標権を取得しておかないと生じるトラブルは？

質問！ 廃品処理会社の社長さんから「商標権を取得しておかないと、どのようなトラブルが生じるか」という問い合わせがありました。廃品処理業界に新しく参入しようとする業者も多く、うかうかしていると先に商標登録されて、商売に混同を生ずることが懸念されるという話です。

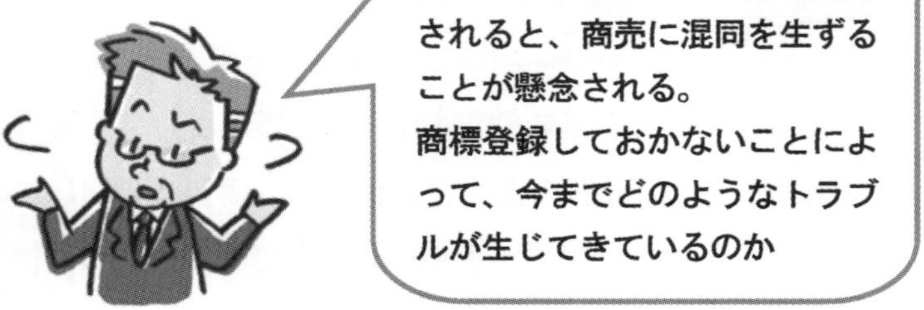

新しく参入する業者に商標登録されると、商売に混同を生ずることが懸念される。
商標登録しておかないことによって、今までどのようなトラブルが生じてきているのか

廃品処理会社の社長さん

Answer

◎**商標登録をしておかないと、いろんなトラブルが生じる恐れ**があります。

知財博士

【弁理士よりワンポイント】

他人 に先に商標登録されると、
元祖 として先に使用していても

商 標 使 用 不 可

↓

信 用 失 墜 となる

◆商標権侵害となる →
- ・商標使用不可
- ・損害賠償責任

◆継続使用権の立証が大変 →
- ・世間に広く認識されていたか
- ・混同を防ぐ表示

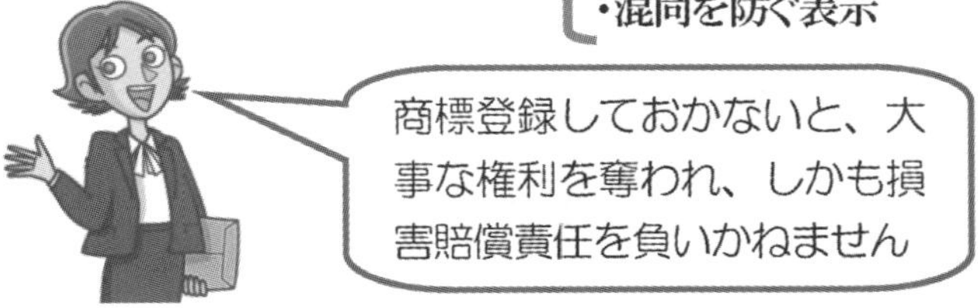
商標登録しておかないと、大事な権利を奪われ、しかも損害賠償責任を負いかねません

◆商標権を取得しておかなかった代償は、計りしれません。

【代償１】 時間とお金の無駄遣いとなる
◆商標登録費用はそれほど高くない
◆審判・訴訟で相手商標の無効・取消し要求が必要となる

【代償２】 対応遅れとなる
◆インターネット時代における対応遅れ企業のイメージ
◆財産権取得機会の喪失

【代償３】 御社の信用がただ乗りされます
◆顧客からのクレームがあるかもしれません
◆顧客に対するPR機会の喪失

Q29 団体商標を登録して地域を活性化しよう！

質問！

A町の漁業組合の組合長さんから「漁業組合に関連して団体商標を登録し、団体商標を付けた海産物について、東京を中心として関東地方におおいに商品PRして、販売を促進し、地域の活性化を図ることを計画している」との話がありました。

組合長さんによれば、漁業組合の中に団体商標検討委員会を作り、鋭意団体商標作りをしているとのことです。また、組合長さんから地域団体商標との違いについても問い合わせがありました。

団体商標をとって地域の活性化を図りたい。
地域団体商標との違いは？

漁業組合の組合長さん

Answer

◎団体商標・地域団体商標でブランド化しますと、価格競争がより有利になります。

◎団体商標は、地域名称とロゴマークなどとの組み合わせによって作られ得ます。

◎地域団体商標は、ロゴマークなどは必要なく、地域の名称と産品名などで構成され得ます。

知財博士

【弁理士よりワンポイント】

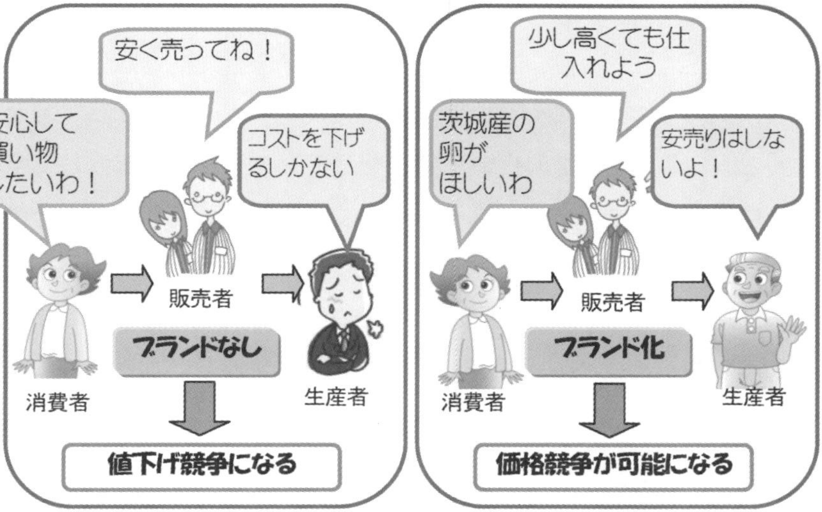
安くうってね！
安心して買い物したいわ！
コストを下げるしかない
販売者
消費者
生産者
ブランドなし
値下げ競争になる
少し高くても仕入れよう
茨城産の卵がほしいわ
安売りはしないよ！
販売者
消費者
生産者
ブランド化
価格競争が可能になる

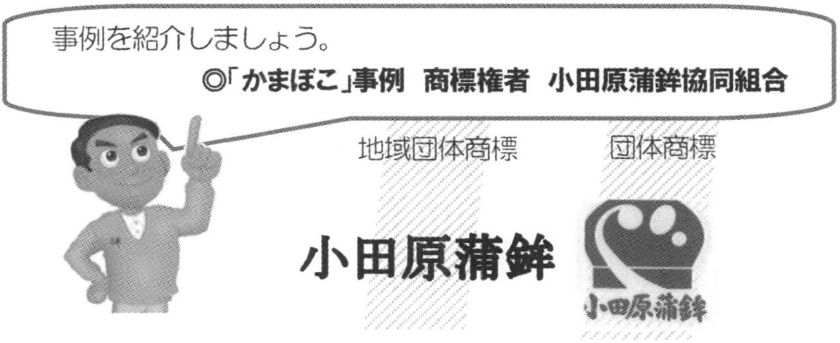
事例を紹介しましょう。
◎「かまぼこ」事例　商標権者　小田原蒲鉾協同組合
地域団体商標
団体商標
小田原蒲鉾
小田原蒲鉾

団体商標制度は、漁業組合などの団体が、その団体構成員に使用させる商標について商標登録を受けることができる制度です。団体商標として一括管理して、地域のブランドとして活用し、市場において優位性を確立しようとするものです。

地域団体商標は、団体商標以上に地域ブランドとして活用することができるものと思います。

Q30 インターネットを介して商品販売する時代です！

質問！

地元の和菓子専門店のオーナーさんから「地元で評価の良い和菓子を、インターネットを介して全国的に展開し、全国のお客さんからの注文を受け、販売したい」との話がありました。

地元だけの販売では販売量に限界があり、地元での評価がいいので、全国展開のためにインターネット上に商品を掲載し、ユニークな商標を使用して販売したい意向とのことです。

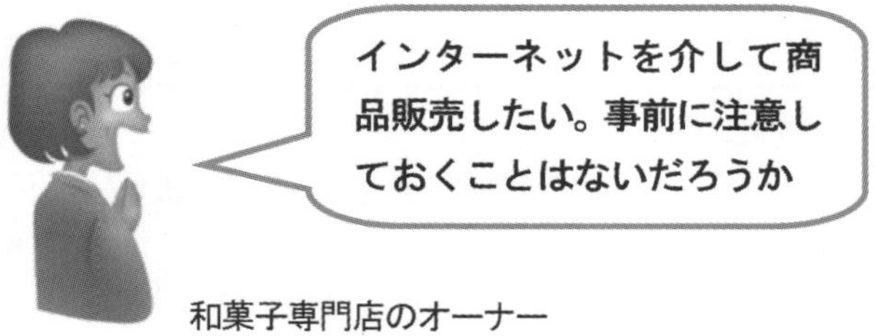
インターネットを介して商品販売したい。事前に注意しておくことはないだろうか

和菓子専門店のオーナー

Answer

◎和菓子に付けるユニークな商標であるとしても、この商標がすでに他人によって登録されていないか調べないといけません。

◎全国展開してから「登録商標があった」というトラブルになって、和菓子に使用できない事態ともなると大変です。

商標登録をしておきましょう。

知財博士

【弁理士よりワンポイント】

こうならないために、
商標検索をしておこう！
もうしわけございません

登録商標があるとトラブルの原因となりますので、まず登録商標があるか調べましょう。登録商標があるかどうかは特許庁の次のサイトを検索してみることができます。

【商標の調査方法】

まず、日本特許庁「特許電子図書館」HPにアクセスし、「商標検索」を選択してください。

IPDL 特許電子図書館
Industrial Property Digital Library
検索メニュー
◆初心者向け検索
◆商標検索
◆特許・実用新案検索
◆意匠検索
◆経過情報検索
◆審判検索
日本特許庁ＨＰ（http://www.ipdl.inpit.go.jp/homepg.ipdl）

同一の登録商標あるいは類似の登録商標が発見されたときには、対応の仕方について弁理士さんに相談してみましょう。

Q31 他者の商標を自己商品・サービスに使用するとどうなるの？

質問！

音楽配信サービス会社の社長さんから「よそさんが使用している商標であるが、当会社のサービスによくマッチしている商標がある。よそさんが商標登録しているかを調べてみたら確かに商標登録していた。しかし、その指定商品は音楽配信サービスとまったく別のもので、よそさんから使用許諾を受けることなく使用しても構わないか」という相談がありました。

この商標以外の商標の使用も考慮してみたが、どうしてもこの商標を使用したいとのことです。

他社使用の商標であるが、当社の業務に最適であるので何とか使用したい

音楽配信サービスの社長さん

Answer

◎商標権侵害にならないか注意しましょう。

◎同一の商標であっても、指定商品が非類似であれば、使用が可能です。**非類似か類似しているかについて、使用の実態をよくよく調べて判断しなければなりません。**よそさんの商標が、需要者の間に広く認識された商標となっていないかについても調べましょう。

知財博士

【弁理士よりワンポイント】

商標法は、指定商品又は指定役務（サービス）について登録商標の使用をする権利を専有すると規定しています（第25条）。

商標権は類似の範囲に及びますから、指定商品分類が異なるときには、非類似の公算が大きくなりますが、単に指定商品分類が異なるのみではただちに非類似とはいえません。専有とは独占することを意味します。

特許庁の類似群コードやよそさんの使用の実態をよくよく見極めて、非類似判断することが求められます。

同一の商標であっても、指定商品又は指定役務が非類似ということになれば、原則として自己の商品に使用可能になります。

実態調査の結果、よそさんが商標を長年使用していないことが分かれば、商標不使用であることを理由とした登録取り消しを求めることができます。商標権の効力が及ばない範囲での使用であるかもしれません。

音楽配信サービスを商品指定して出願してみてはどうでしょうか。

Q32 国際商標をとることはできるの？

質問！

おもちゃ製造メーカーの社長さんから「一つの手続きで、国際商標をとることができると聞いた。どのようにすれば取得できるのか」と問い合わせがありました。

このおもちゃ製造メーカーは「生産したおもちゃを多くの国に輸出しているので、一つの商標ですべての国をカバーできれば便利で、ビジネスに多いに貢献するんだが」ということでした。

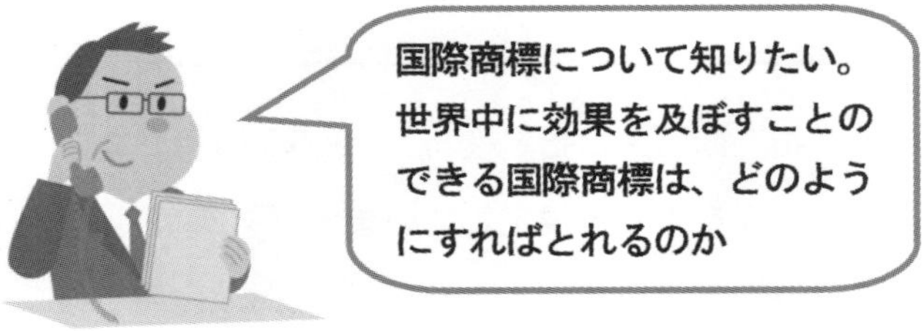
国際商標について知りたい。世界中に効果を及ぼすことのできる国際商標は、どのようにすればとれるのか

おもちゃ製造メーカーの社長さん

Answer

◎国際商標というものはありません。

◎**国際登録出願**という制度があります。日本に出願や登録していることを前提にして、**複数の国を指定して、一つの出願で複数の国で出願したと同じように扱う制度**です。

知財博士

【弁理士よりワンポイント】

国際登録出願をしよう

国際商標、すなわち国際登録商標はありません。

国際登録出願は、日本の特許庁に出願され、あるいは登録されている商標を基礎として行います。

商標の態様は、日本出願や登録の態様と同一にして、指定する商品・サービスの範囲も同一にします。

例えば、日本の登録商標の態様がカタカナと英文字の２段書きの場合、そのような登録商標を英文文字だけの商標を国際商標登録することはできませんので、日本の商標登録出願のときから国際登録出願をすることを考えておきましょう。

現在、米国、中国など主要国をはじめ、多くの国を指定国として国際商標登録出願することが可能となっています。

日本の特許庁を通じてされた国際登録出願は、国際事務局の国際登録簿に登録され、その後、各指定国の審査が始まります。一つの出願で複数の国に出願したことになりますので、日本企業も積極的に活用しているようです。

Q33 商標の右肩の Ⓡ や TM は どういう意味？　どのように活用するの？

質問！

電線部品メーカーの製造部長Aさんから「商標の右肩に付けられた®やTMという記号は、どんな意味があるのか。当社が所有して商標登録には、一切このような記号を付けていないが問題がないのか」という問い合わせがありました。

製造部長の話によれば「®は商標が登録された商標であると思われる。しかし、この電線部品メーカーでは登録商標に®記号を付けていないが、問題がないか」ということでした。

登録商標の右肩に®を使用しないで、商標を使用しているが、問題はないか

電線部品メーカーの製造部長Aさん

Answer

◎これらの記号を付けないで使用しても問題ありません。

◎いずれの記号も**米国の連邦商標法上の商標使用がなされていることを示す記号です。**

◎**企業イメージアップのために、日本において、積極的に使用しましょう。**

知財博士

【弁理士よりワンポイント】

®、Reg. は登録商標を意味します。

TMは、商標登録出願中のものに付与されることが多いです。

いずれの記号も、米国の連邦商標法上使用が必要とされている記号ですので、日本における商標の使用上、これらの記号を商標に付けずに使用しても問題はありません。

米国で登録商標にはこれらの記号を付けることが義務づけられていますので、米国では使用することが求められます。これらを付けることで、登録商標が使用されていることになると考えるといいでしょう。

よく似た記号にⓒ記号があります。ⓒ記号は万国著作権条例により著作権保護の前提として著作物に付けるものです。ほとんどの国ではⓒ記号がなくても保護されることに変わりはありません。

日本では商標にⓒやTMを付ける義務はありませんので、直接的な効果はありません。ただ、ⓒやTMを付けることで登録商標、登録商標出願中の商標であることを知らせる効果があります。

Q34 昔から商標を使用しているので継続して商標使用できるのでは？

質問！

運輸グループの一員である会社の社長さんから「自社の登録商標に似せた商標を使用している同業者がいる。当該商標の使用は商標権の侵害になるので、商標の使用を止められたい旨の申し入れを行った。これに対して、先方よりこの商標を長年使用していて、商標の先使用権が生じているので、このまま無償で使用できる、といってきた」とのことでした。社長さんから「商標の先使用による権利がどのような場合に発生したことになるのか」と問い合わせがあった。

運輸グループの一員である社長さん

類似商標使用であるので使用を止められたい旨の申し入れをしたところ、先使用権があるので無償使用できると答えてきた。この先使用権による「継続して使用できる権利」はどのようなときに発生するのか

Answer

◎この先使用権が発生していますと、無償で商標を使用できます。

◎先使用権は、商標の使用の結果、商標権者がその商標登録出願をした時点で、先使用を主張しようとする人の商標が自分の商標として顧客に広く認識されている場合に発生します。

知財博士

【弁理士よりワンポイント】

◎商標の長年の使用で先使用権が発生していたのか

①不正競争の意図がない

②顧客に広く知られていた

我社には
先使用権が
あります！
先使用権！
出願当時、広く認
識されていません
でしたよね

先使用権

商標の先使用権は、商標登録していないが、不正競争の意図がなく、長年の使用で商標がお客さんである需要者の間で、広く認識されていた場合に、その使用者に発生します。

広く認識されていたかどうかは、商標権者の商標登録出願時点で判断され、広く広範囲にわたって顧客に知れ渡っていることが求められます。「商品とかサービスに使ってみたことを示す資料がある」というのでは足りません。

Q35 商標登録出願に要する費用と期間は？

質問！

学校法人を経営している理事長さんから、一般的な商標登録出願に要する費用と、登録にかかる期間について問い合わせがありました。理事長さんによれば、学校法人の名称と使用のロゴマークについて、商標登録しておきたいとのことです。

商標登録出願に要する費用と登録までの期間を知りたい。
学校法人の名称と使用のロゴマークについて、商標登録しておきたい

学校法人の理事長さん

Answer

◎一般的に、**１件の商標登録出願に要する費用は、特許庁に納付する印紙代を含めて、約10万～15万円程度**のようです。（ただし、特許・商標事務所によって異なります。次ページ記載の金額は参考です）

◎費用は、使用する商品・サービスの指定の仕方によって変動します。

◎一般的に、**商標登録に要する期間は４～６カ月**のようです（ただし、拒絶理由通知がなかったとき）。

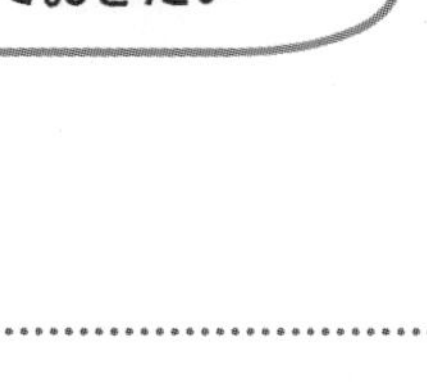

知財博士

【弁理士よりワンポイント】

費用の一例を示しましょう。出願時以外にも、意見書を提出すると費用がかかります

◆手続と費用―商標登録出願― （登録までの事務所費用および特許庁納付料）

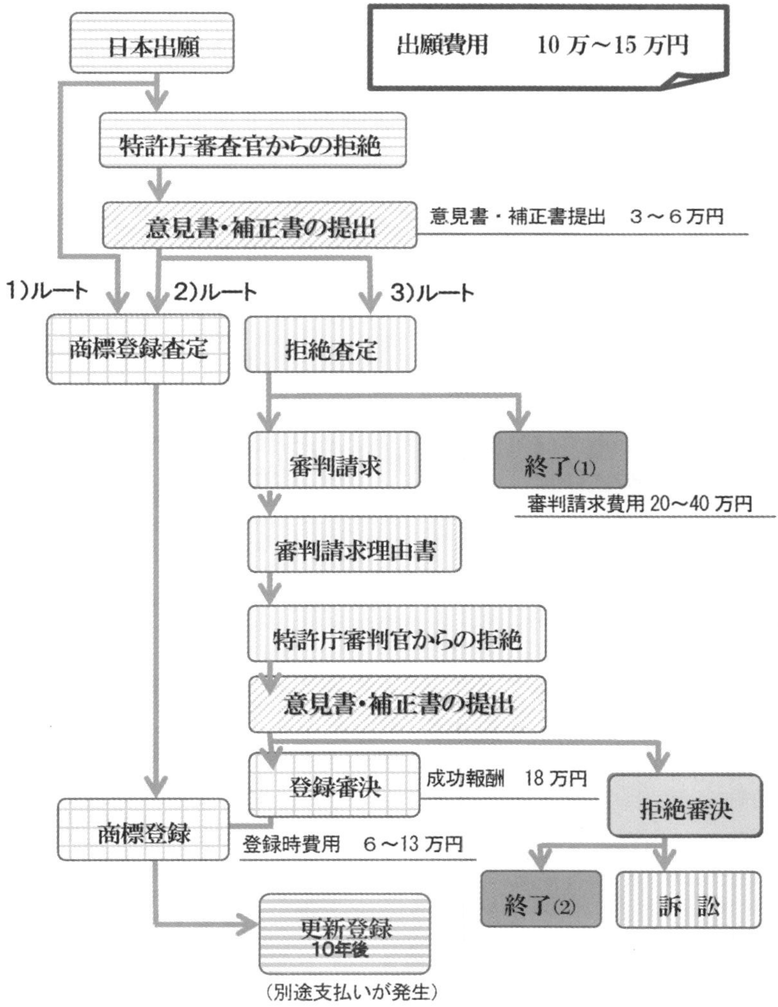
出願費用　10 万～15 万円
日本出願
特許庁審査官からの拒絶
意見書・補正書の提出
意見書・補正書提出　３～６万円
1)ルート
2)ルート
3)ルート
商標登録査定
拒絶査定
審判請求
終了(1)
審判請求費用 20～40 万円
審判請求理由書
特許庁審判官からの拒絶
意見書・補正書の提出
登録審決
成功報酬　18 万円
拒絶審決
商標登録
登録時費用　６～13 万円
終了(2)
訴　訟
更新登録
10年後
（別途支払いが発生）

雑談

特許出願の動機について うかがいました No.3

金額ではコピー商品に勝てない。特許の活用で販売促進だ
ガオー
ガオー
本物
コピー商品

コピー商品抑制のため

特許出願の動機について うかがいました No.4

市場は大きくない。
独占していかないと
やっていけない。
特許・実用新案・商標
の確保が重要だ

市場を独占するため

こんなときに特許の種が生まれる いや、すでに生まれている!! No.3

顧客
お宅の技術で
この点を
解決してもらいたい
チャンス！
顧客の新商品開発に
技術提案を求められた
専用メーカーの社長

新技術の開発時

こんなときに特許の種が生まれる いや、すでに生まれている!! No.4

このデザイン
斬新だね～

ニューデザインに特許の種あり

知財博士

第3章

「特許について」の話

Q36 特許をとると製造差し止めできるの？お金もうけできるの？

質問！

農業をしている男性Ａさんから「電動草刈機の使いやすいものを開発したので特許をとりたい。特許をとれば、類似品が製造されたとき、本当に製造を差し止めできるの？お金もうけできる？」のという問い合わせがありました。

Ａさんによれば「ある講習会で、家庭の主婦が洗濯機の洗濯時の泡取り具を発明し、特許をとったことで金もうけしたと聞き、自分も電動草刈機で金もうけしたい」とのことでした。

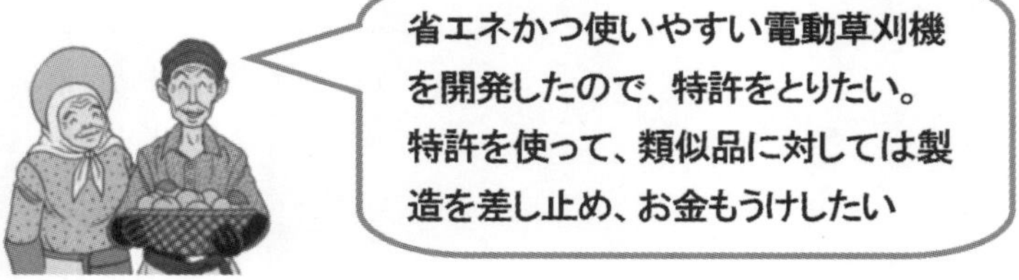
省エネかつ使いやすい電動草刈機を開発したので、特許をとりたい。
特許を使って、類似品に対しては製造を差し止め、お金もうけしたい
農業をしているＡさん

Answer

◎特許をとると、特許に買い手がついて、ただちにお金もうけできる、というわけにはいきません。

独占した製造販売によってお金もうけができます。

◎製造を差し止めるためには、いくつかの条件をクリアすることが必要です。

◎相手方がライセンスを欲しいとする魅力ある特許であるといいですね。

知財博士

【弁理士よりワンポイント】

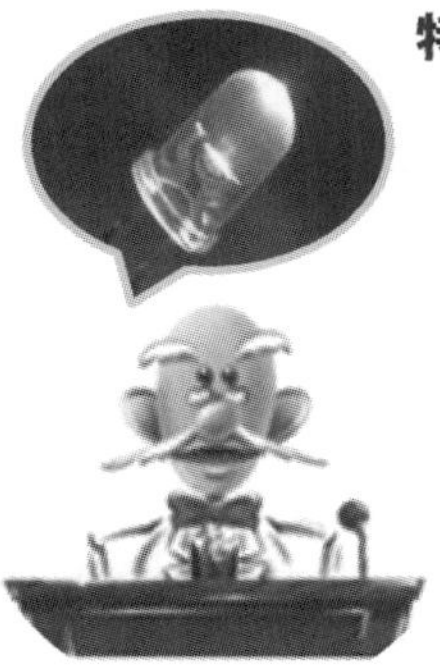

特許が大きな金額に関係した事例

職務発明の相当対価

◎東京地裁判決

「２００億の支払い命令」

◎東京高裁 ➡ 和解

「８億 4000 万円の支払い」

★損害賠償事件ではありませんでしたが、世間の注目を集めました。

類似の電動草刈機に対して製造差し止めをするには、いくつもの条件をクリアすることが求められます。

【１】特許の成立を図りましょう。

【２】類似の電動草刈機に対し、「単に類似していると」いうだけでは不十分です。特許になると、発行される特許公報に記載された特許請求の範囲の請求項との比較において、類似さがこの請求項の記載範囲内にあるかどうか、を確認することが求められます。

【３】「特許をとると、どこかの企業からすぐにライセンスの申し込みがあり、お金もうけにつながる」と考えられやすいのですが、このような例はまれです。通常、特許をとっても、ただちにライセンスの申し入れはありません。

とはいえ、試作品及び特許が魅力的で、企業が採用に値するとなるとライセンスの申し入れがあるでしょう。そうすると、ローヤルティフィー（特許実施料）の話となり、金もうけにつながっていきます。

Q37 発明を掘り下げたいのだけど誰に相談すればいいの？

質問！

中堅企業の営業マンAさんから「発明を思いついたが、出願に耐え得るような発明になるまで掘り下げてみたい。だが、特許を取得したことがなく、誰に相談すればいいのか分からない」という問い合わせがありました。

この営業マンAさんによれば「顧客のシステム上のトラブルの相談に乗っているとき、重大なヒントを得て、常日頃あったらいいなと思っていた商品の構想を得た。この構想を掘り下げ、場合によっては特許をとりたい」という話でした。

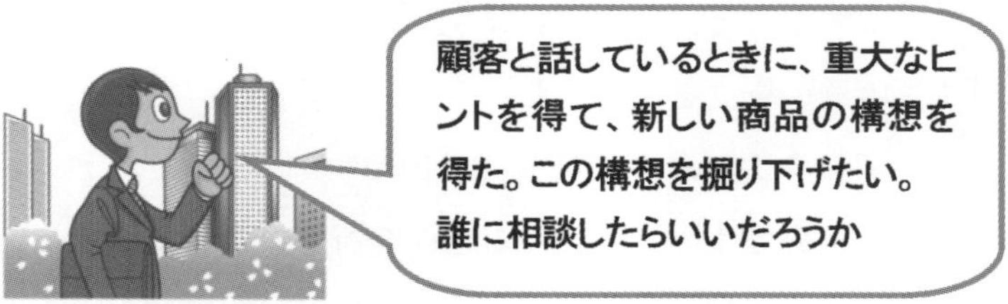
顧客と話しているときに、重大なヒントを得て、新しい商品の構想を得た。この構想を掘り下げたい。
誰に相談したらいいだろうか

中堅企業の営業マンAさん

Answer

◎弁理士に相談してみましょう。

◎また、弁理士会あるいは都道府県の発明協会の無料発明相談会を利用できます。

知財博士

【弁理士よりワンポイント】

弁理士に相談
してみましょう

日本各地に、弁理士が特許事務所を構えて活動しています

弁理士に相談してみましょう。

インターネットで検索していただくと、近くに特許事務所のある弁理士を見付け出すことができます。

弁理士は、特許出願などの出願業務を主な仕事としていますが、発明の掘り下げ相談にも応じております。

発明の無料相談には、弁理士会及び都道府県の発明協会でも対応しております。

技術上の専門知識を要するような場合、都道府県のテクノセンターあるいは専門の技術士の方に相談してみるのも良いでしょう。

Q38 発明の掘り下げのポイントは何？

質問！

冷機製造会社の冷機担当主任技師Ａさんから「発明の掘り下げのポイントは何か」との問い合わせがありました。

「出願に当って発明を掘り下げてから明細書を作成した方が、良い特許がとれる、といわれるが、『発明を掘り下げる』とはどういうことかよく理解できないでいる」ということでした。

発明掘り下げの考え方がよくわからない。構成の羅列ではいけないのだろうか

冷機製造会社の冷機担当主任技師
Ａさん

Answer

◎よく「発明の掘り下げ」とか「精選拡張」とかいわれています。

◎六角形のエンピツを想像してください。六角形のエンピツは、見方を変えれば、いくつもの文章で表わせます。

いくつかの文章で表現し（ステップ１）、

各表現について評価（ステップ２）

することが発明の掘り下げにつながります。

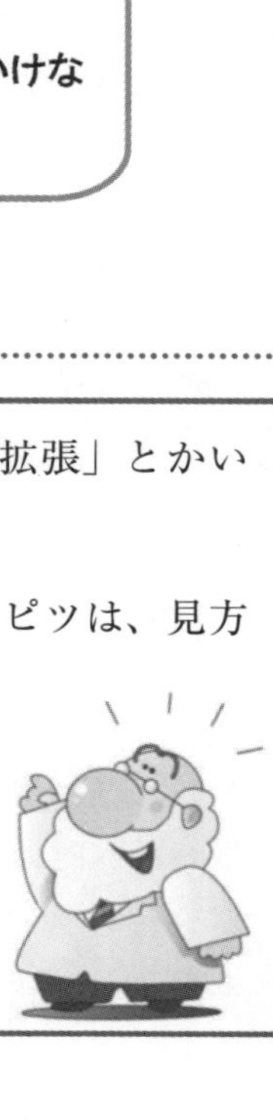

知財博士

【弁理士よりワンポイント】

例えば、
六角形のエンピツで
考えてみると……

六角形のエンピツで考えてみましょう。

丸形エンピツは公知とします。

【ステップ１】 複数表現

表現１：六角形エンピツ。

表現２：正六角形エンピツ。

表現３：平面状エンピツ載置面を有するエンピツ。

表現４：対向平面を２組あるいは３組持つエンピツ。

パズル的にいろいろと表現してみましょう。

「なぜ、六角形にしたのか」「六角形でなければならないのか」が検討されることになって、本質に迫る表現が出てくることでしょう。

【ステップ２】 評価

構成要件の数、エンピツの使用目的、他社がいやがる表現、侵害顕現性、特許になりやすい表現を考慮して、いずれか一つを選びます。これが掘り下げに当ります。

Q39 新製品を設計したので製品を特許で押さえたい！

質問！

電機部品製造メーカーの社長さんから「新製品を設計したので、この製品を特許で押さえたい」と話がありました。

この社長の会社は今まで電機製造メーカーの下請けをしていましたが、発注品が年々減少傾向にあるため、「新製品を開発して生き残りをかけていきたい」とのことでした。

開発した新製品について
特許をとりたい。
これで生き残りをかける

電機部品製造メーカーの社長さん

Answer

◎特許をとりましょう。次の書類を準備して弁理士に相談しましょう。

1）図面　2）説明書　3）先行例を示す資料

◎発明者個人でも特許出願をすることができますが、慣れていないと、特許をとることは困難であるといえるでしょう。

知財博士

【弁理士よりワンポイント】

我社の新製品！
特許をとるぞ。
周りも固めるぞ!!
新製品
ロボット掃除機

特許出願するに当って、弁理士への依頼のために、次の資料を準備してみましょう。

【１】図　面：発明内容を示す図面（複数の図面が作成される）

【２】説明書：簡単な説明書

【３】先行例：自社製品図面、特許公報、カタログなどで先行例を整理して、先行例の問題点を明確にしておきましょう。

一度、弁理士と打ち合わせしますと、次回までに必要な図面、説明書について話がなされることでしょう。これらの資料が提供されますと、弁理士は、特許出願書類を作成することになります。

特許庁に出願し、審査請求の手続きをしますと、特許庁審査官の審査を受けることになります。

弁理士事務所は敷居が高いといわれますが、決してそんなことはありません。

Q40 特許を取得しておかないと生じるトラブルは？

質問！

商工会議所の理事長さんから、特許を取得しておかないと生じるトラブルについて、問い合わせがありました。

「商工会議所には、青年商工部があって若く元気のある経営者がたくさんいるので、ミーティングの場を利用して、特許取得の重要性や特許を取得しないために生じたトラブルなどについて説明したい」との話がありました。

特許を取得しておかないと生じるトラブルにはどんなケースがありますか
商工会議所の理事長さん

Answer

◎日本は、**先願主義**を採用しています。

自社開発製品であっても、他社に特許取得されてしまいますと、ビジネスに支障が生じるなど、多くのトラブルが生じます。

◎若い経営者の方に、知財についておおいに関心をもってもらいたいですね。

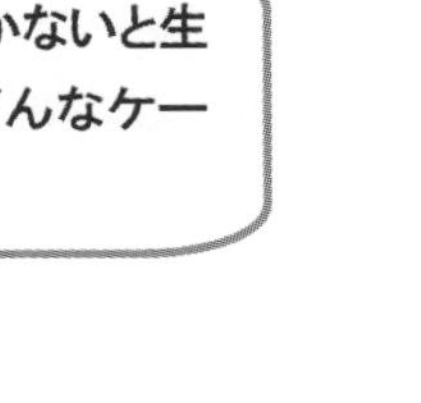
知財博士

【弁理士よりワンポイント】

特許は御社のビジネスを
おおいに支援することでしょう

先願主義であるので　自己開発製品であっても、
他人に特許取得されると……

ビジネスに支障を生じる

◆特許権侵害となる
- ・製造不可
- ・損害賠償責任
- ・ライセンス許諾交渉

◆顧客に対する独自性ＰＲ機会の喪失

時間と金の無駄遣いとなる

◆審判・訴訟で相手特許の無効請求必要

◆難解な特許侵害鑑定必要

開発企業としてのイメージダウンを生じる

◆特許も取得できない企業であったのか

◆ノウハウとしての保持は、**守備**
特許取得は、**攻撃**

ローヤリティ取得機会の見逃しとなる

◆相手からのローヤリティ取得機会の喪失

◆財産権取得機会の喪失

Q41 方法特許って効果あるの？

質問！

小型圧延機の社長さんから「新しく開発した小型圧延機について弁理士に特許出願依頼したところ、圧延機構造の請求項と圧延方法の請求項が送られてきた」との相談がありました。

社長さんの会社は製造メーカーであって圧延材製造メーカーではないので「方法特許を取得しても効果があるか疑問である」と話していました。

製造メーカーにとって、
方法特許をとって
効果があるの？

小型圧延機の社長さん

Answer

◎方法特許をとることには大変な意味があり、効果があります。

◎装置特許は、競業するメーカーの製品をおさえ、方法特許は、顧客の実施方法を押さえます。

知財博士

【弁理士よりワンポイント】

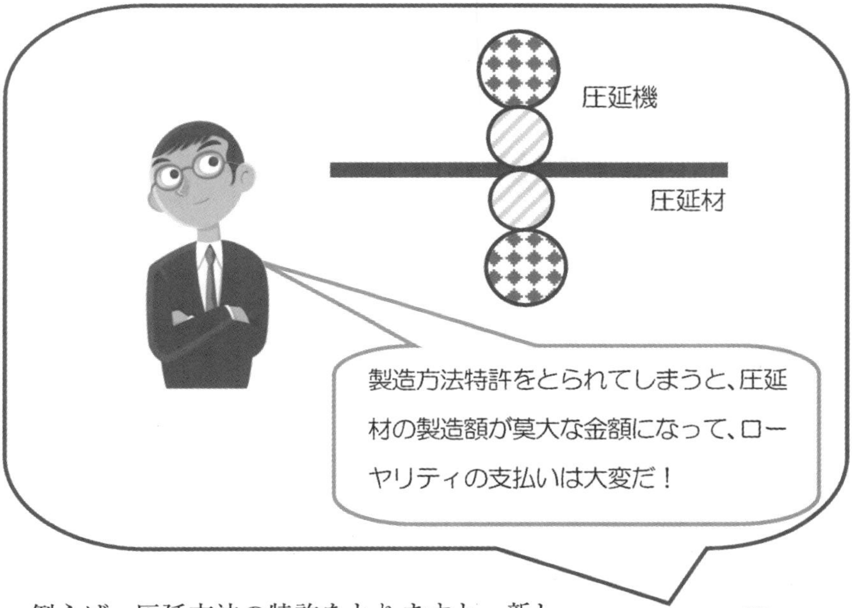
圧延機
圧延材
製造方法特許をとられてしまうと、圧延材の製造額が莫大な金額になって、ローヤリティの支払いは大変だ！

方法特許

例えば、圧延方法の特許をとりますと、新しい圧延方法をおさえること、すなわち顧客の圧延方法をおさえることになります。

顧客は、圧延機で、新しい圧延方法によって圧延材を毎日製造していくわけですから、その圧延材製造量は、ばく大なものとなります。

この新しい圧延機が競合メーカー製であったならば、どうなるでしょうか。顧客は、この圧延機でばく大な特許侵害量となる圧延材を製造していくことになります。こう考えますと、圧延方法の特許をとっておけば発注競争は有利になることでしょう。

他の分野であっても同じことがいえます。

Q42 ビジネスモデル特許をとって情報発信型企業になろう！

質問！

情報システム会社の新事業部長さんから「会社が情報関連のニュービジネスを行うことになって、ニュービジネスモデルを作成した。このニュービジネスモデルを新事業として展開していきたいが、ビジネスモデルはコンピュータが主たる道具にすぎないので、特許取得は考えられず、追随するところが現れてくることを心配している」との話がありました。

ニュービジネスモデルであるが、パソコンを使うもので、手法は従来と変わりなく、特許取得は難しいと思っている

情報システム会社の新事業部長さん

Answer

◎今、日本企業に求められているのは、技術開発とビジネスモデル発明の創作です。これをπ（パイ）戦略と呼びます。

◎ビジネスモデル特許のおもしろいところは、ニーズに近い営業マンなど第一線にいる人がとれることです。

◎ビジネスモデル特許にチャレンジして情報を発信していきましょう。

知財博士

【弁理士よりワンポイント】

開発成果を特許にし、独自性主張と成果独占を

特許による保護の実例 ビジネスモデル発明の保護

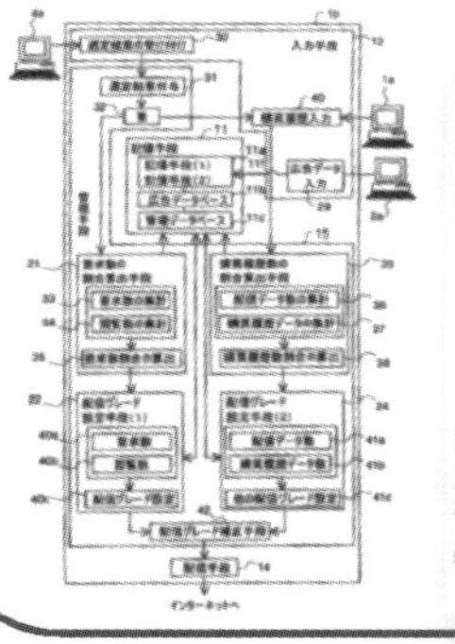

広告配信装置および
広告配信方法

富山の薬売り商法のことは、よくご存じと思います。筆者の子供のころ、春になりますと富山から来られた薬売り業者が、薬箱に保管された薬のうち使用したものを補充し、父親はその代金を支払っておりました。

ビジネスモデル発明は、この商法を現代風に、コンピュータを用いた管理商法手法とした場合に成立するものと考えられます。

すでに存在していたビジネスを、コンピュータを用いて簡便なビジネス手法としたのみでは、ビジネスモデル特許はとれません。しかし、富山の薬売り業者であれば、きっと新規のデータベースを作り、訪問時期、薬補充方法を工夫した手法としたことでしょう。この工夫がビジネスモデル発明となり、そしてビジネスモデル特許となります。

ビジネスモデル特許は、社会ニーズの近くにおられる営業マンなどの第一線におられる方々がとれる特許です。きっとすばらしい特許をとることができるでしょう。

事　例　紹　介

事例1

トヨタ自動車のカンバン方式特許

（特許第2956085号）

倉庫をもたないジャストインタイム生産方式を提案するビジネスモデル

◎納入指示に、生産計画による必要部品数を発注する確定指示と、消費部品品数を発注するかんばん指示設定とがある。

◎納入リードタイムと使用リードタイムとを比較し、指示形態を切り替える。

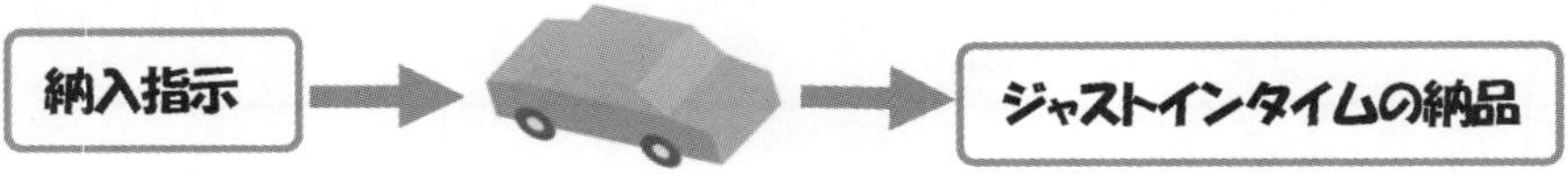
納入指示
ジャストインタイムの納品

事例2

日立製作所のHDRIVE《エイチドライブ》特許

（特許第3976988号）

インバータ代替による省エネ方式を提案するビジネスモデル

◎使用中の従来型モータ制御の時の機器の仕事量と消費電力値を計測して格納。インバータに代替して仕事量と消費電力値を計測して格納。

◎モータに接続された機器の仕事量から省エネされた消費電力値を時々刻々に計算する。

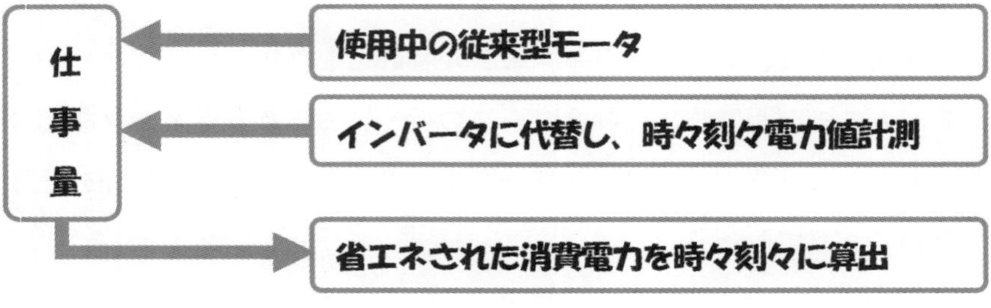
仕事量
使用中の従来型モータ
インバータに代替し、時々刻々電力値計測
省エネされた消費電力を時々刻々に算出

事例３

ローバルコミュニケーションズの文書作成特許

（特許第4474670号）

既存の文書の一部を、べた書き文章で変換した文書を提案するビジネスモデル

◎べた書き文章の構造を解析し、整形モデルに従って整形文書を構築する。

◎変換ルールを用いて、既存の文書の一部を整形文書に入れ換えて新しい文書を作成する。

既存の文書の
一部変換
整形文書
べた書き文書
新しい文書

事例４

ネットワーカーズの広告配信特許

（特許第4485335号）

配信した広告の閲覧数、閲覧要求数に対応して再配信の仕方を自動決定する広告配信方法を提案するビジネスモデル

◎配信された広告について閲覧数、閲覧要求数を集計して、この広告に属する広告分類に再配信グレードを付与する。

◎新しい広告について再配信グレードを付与して配信方向を決定する。

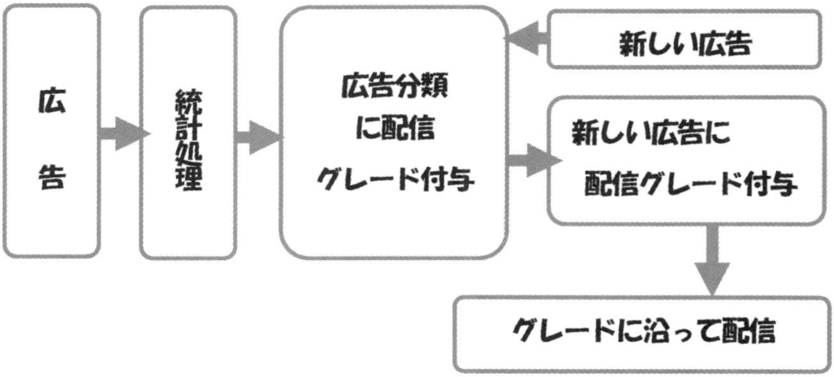
広告
統計処理
広告分類
に配信
グレード付与
新しい広告
新しい広告に
配信グレード付与
グレードに沿って配信

Q43 発明をするコツは？

質問！

大企業の関係会社の社長さんから「当社は大企業にオンブに抱っこの状態にある会社であるので、発明は生まれないし、今まで発明することを奨励することはなかった。だが、大企業からの自立を求められる状況になってきた。何とか発明を奨励して、新製品を作り出していきたい。従業員に参考となるような発明のコツはないか」と相談がありました。

発明をするコツを
教えてほしい

社長さん

Answer

◎発明をするコツは“慣れ”です。特許出願に慣れることです。

◎上司が製品開発上の課題を提供し、皆で討論し、アイデアが生まれた際には、特許出願をしてみましょう。

知財博士

【弁理士よりワンポイント】

海外で特許出願
して世界に
飛び出そう！
会議のあと
５分間、発明
フォローアッ
プに入ります

「技術課題のあるところに発明あり」といいます。技術課題（問題点）を見付け出すことが大切のようです。

先人の皆さんの技術課題の発見には、さまざまなことがあるようです。筆者の知っているエンジニアの一人は、「圧延機に用いられるロールは、圧延時弾性体として取り扱うべき」ということに気づいたといわれます。このことで、あるエンジニアは、具体的な技術課題を見付けました。

何度も試作して問題点を見付け出し、さらに試作し、技術課題を設定した例もあります。

ある営業マンは、現在課題になっているスマートグリッドに目を付け、「担当製品についてあるべき姿を見える化すること」、すなわち省エネ効果を見える化し、画面表示することについて技術課題を設定しました。

ある家庭の主婦は、自宅で飼っている老犬のおもらし対策が現状の市販のオシメでは不十分であって、手間が大変であることから技術課題を見付けました。

特許出願はエンジニアにインセンティブを与え、発明を熟成させます。

Q44 発明者自身が作成した明細書で特許出願したときの問題点は？

質問！

食品製造メーカーの社長さんから「弁理士さんに依頼して明細書を作成すると費用がかかるので、従業員が作成した明細書で特許出願し、特許をとっている」との話がありました。

発明自体は、社長さんと従業員との共同発明であって、「製造上の問題を解明し、改善したものである。社長さんが見ても明細書・図面は良くできている」とのことでした。

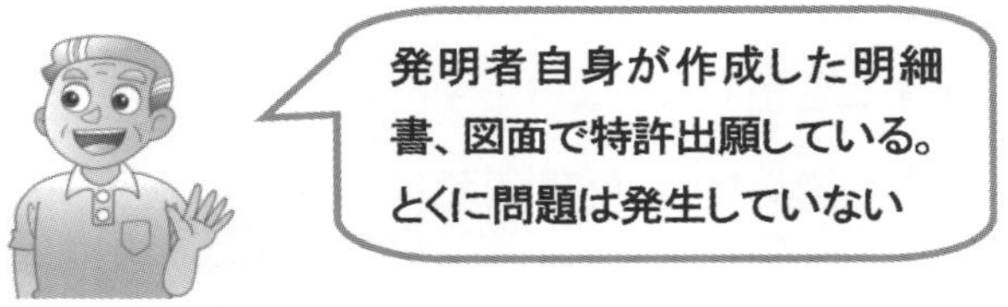
発明者自身が作成した明細書、図面で特許出願している。とくに問題は発生していない

食品製造メーカーの社長さん

Answer

◎専門家である弁理士に依頼し、明細書、図面を再構築した方が良い特許になります。

◎良い特許とは、特許取得上の問題をクリアし、特許権としての範囲が広く、強い権利であるということです。

◎また、特許にするための審査請求をしますと、たいがいの出願に対して拒絶理由があります。

発明者自身ですと、対処が難しくなって特許化をあきらめたりすることになります。

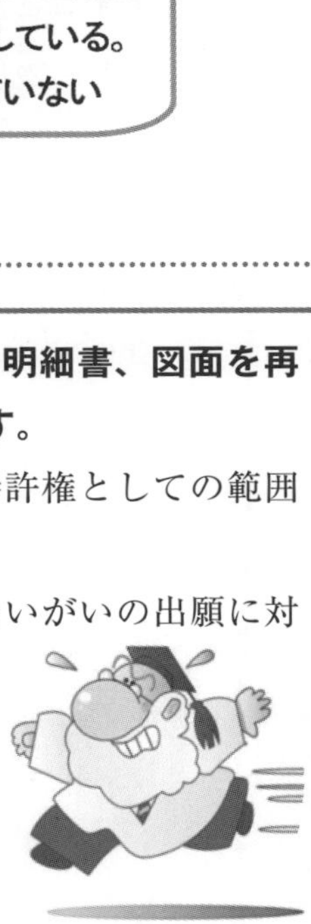

知財博士

【弁理士よりワンポイント】

全部オレが明細書を作成したのだ！
特許車
ザル特許になっちゃうよ！

筆者は、茨城県のテクノセンターで茨城県発明協会の発明相談員として、発明者が作成した明細書・図面を見せていただくのですが、多くの場合、

【1】実施の内容を示す実施例が十分に記載されていない

【2】請求項の記載がルールに沿っていないので、特許にならない。特許になったとしても限定事項が多いので、特許の範囲は狭くなる

という問題を含んでいます。

実施例を示す図面が良くできていない、あるいは説明が十分でないと拒絶理由にもなりますし、拒絶理由があったときに補正で対応することが難しい場合があります。

とくに請求項記載は特許出願における最重要部分で、発明の構成を記載することになっていますが、多くの場合、発明の構成が的確に記載されていません。願望をそのまま記載している場合が多く、拒絶されることになります。

Q45 発明者自身が発明を公開してしまったとき、その発明は救済されるの？

質問！

研究所の研究者Ａさんから「２カ月前に通信学会誌に載せた発明については、自分の行為によって公開されたのであるから、救済された方法によって特許出願できるのでないか」との問い合わせがあった。

Ａさんの話によれば「以前にも学会で発表した文献に載せた発明について、特許出願時に救済を申し出て救済が認められ、特許をとったことがある」とのことです。

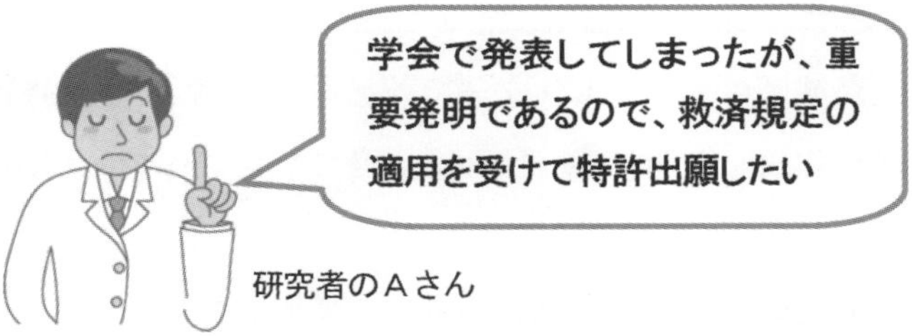
学会で発表してしまったが、重要発明であるので、救済規定の適用を受けて特許出願したい
研究者のＡさん

Answer

◎発表から６カ月以内ですので、救済規定の適用が受けられ、特許出願可能です。発明の新規性の喪失の例外を申し出ての特許出願になります。

◎刊行物の発表から６カ月以内に特許出願し、救済申し出を特許出願と同時に行うことによって、新規性があるものとして取り扱われます。

◎外国出願はなされるのでしょうか。外国出願については当該国の法律適用となりますので、注意しましょう。

知財博士

【弁理士よりワンポイント】

学会発表前に
特許出願を完了
しておきましょう

この例のように、研究者が通信学会誌に自分の発明を公開したような場合には、「自分の行為によって刊行物に発表すること」に該当し、刊行物発表の日から６カ月以内に特許出願すれば、新規性があるものとされます。刊行物発表の場合以外に、

◎公開の試験を行ったような場合

◎インターネット上に発表したような場合

◎学会での研究集会で文書をもって発表したような場合

についても救済が受けられます。ただ、この学会が特許庁長官に指定していないときには救済されません。

また、売れ行きを調べるために試行的に公開販売したようなときには救済されませんので注意が必要です。まず、特許出願しておきましょう。

研究者の方々は刊行物発表あるいは学会発表を行った後に特許出願することがよくありますが、例外規定の適用を受けずに発表前に特許出願するのが望ましいといえます。

外国出願される場合は、当該国の新規性喪失の例外規定適用に際し、出願日に注意致しましょう。

Q46 新製品販売後であっても特許がとれますか？

質問！

カップライス製造メーカーの社長さんから「新製品カップライスを開発し、販売にこぎつけた。販売してみると大変評判がよく、特許をとって独占し、事業を伸ばしたい」との話がありました。「自己販売によって公知にしてしまったが、何らかの手段を講じて救済し、特許をとりたい」とのことです。

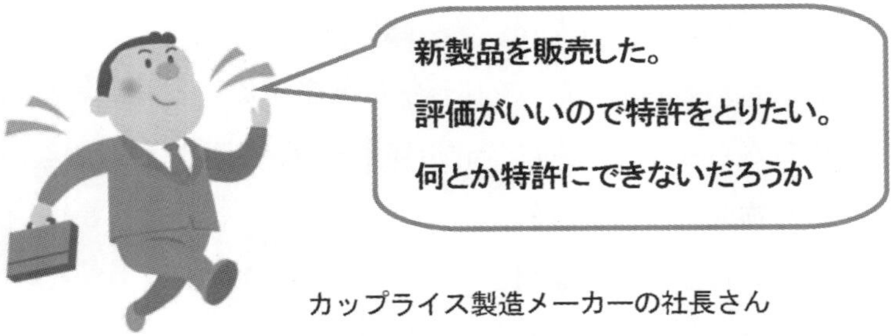
新製品を販売した。
評価がいいので特許をとりたい。
何とか特許にできないだろうか

カップライス製造メーカーの社長さん

Answer

◎販売によって新製品を公知に致しますと、特許を受けることができなくなります。新規性を喪失したことになります。

◎自己の販売であっても、新規性喪失の例外救済を受けることができません。

◎カップライスの製造方法であれば、出願可能でしょう。

知財博士

第3章 「特許について」の話

【弁理士よりワンポイント】

> 新製品を発表すると、特許がとれません

　新製品カップライスを販売致しますと、販売と同時にこの製品についての特許法上の新規性が喪失致し、いわゆる一般に知られたこと、公知になります。

　自己の行為によって公知になったことになり、特許を受けることができなくなります。

　特許法は、刊行物発表、学会発表などいくつかの新規性喪失の例外規定を設けて救済しております。しかし、自己販売であっても新規性をなくして公知となってしまった場合には、救済されないことになります。

　製造方法については特許出願が可能ですが、ノウハウ社内保持との関係で出願することには問題があるかもしれません。

　カップライスについて改良し、改良された案について、特許出願することを考えてみてはいかがでしょうか。

Q47 特許取得のための三大原則を知ろう！

質問！

製缶鉄工所の社長さんから「新しい製缶方法について特許をとろうと思っているが、今までに特許出願をしたことがない。特許取得のためにはどのような条件が必要になるか」との話がありました。「特許は、今まで世の中にない画期的な技術を創造したときに与えられるのであって、中小企業の技術では難しいとも聞いている。特許取得のための条件をクリアできるようであれば、特許をとって事業に役立てたいと思っている」とのことでした。

製缶鉄工所の社長さん

特許をとるためには、どのような条件をクリアしないといけないのか。特許は、高度なものに限られるのか

Answer

◎発明をまとめ、特許出願をする時に、三大原則があります。

◎世界最先で進歩性があるとなると、高度な発明でなければならないと思われるでしょうが、公知例との比較によって定まります。**公知例に記載されておらず、公知例記載の技術に比べて良さがあれば特許になります。**

知財博士

【弁理士よりワンポイント】

発明をまとめ、特許出願するに際して次のような三大原則があります。

【その１】 世界最先の発明であること

【その２】 進歩性のある発明であること（容易に考えつくものではないこと）

進歩性があるかどうかは、世の中の進歩に寄与するメリット、効果を提案できたかによって判断されると良いと思います。

【その３】 実施例が詳細に十分に記載されていること
請求項が的確に記載されていること

特許は世の中の進歩に寄与すると見られたときにとれるものですから、実施可能なように十分に記載されていることが求められます。

実施例は、図面を用いて詳細に記載することになります。とくに、発明のポイントを分かりやすく示す図面は大切です。

特許請求の範囲の請求項は、権利範囲を定める上で重要な個所です。その際に、権利範囲を拡大する実施例の作成が大切です。

Q48 デザインは特許になるの？

質問！

コンクリートブロック製造メーカーの社長さんから「新しい設計になる新規な構造のコンクリートブロックを製作したので、販売に先立ち意匠出願するつもりである。同時に特許もとれないだろうか」という問い合わせがありました。

社長さんによれば「技術上の改良を加えたことで、新規なコンクリートブロック形状となったので、意匠をとるつもりだ。だが、特許をとれるほどの技術上の改良であるか、については自信がない」とのことです。

新しいコンクリートブロックを製作した。意匠をとるつもりであるが、さらには特許をとりたい。だが、技術上のメリットが今一つはっきりしない

コンクリートブロック
製造メーカーの社長さん

Answer

◎使いやすさなど、技術上のよさを伴う新規デザインについては、意匠として登録され、また特許がとれます。

◎従来品と比べて、使い勝手などの構造上の改良点を具体的に把握してみましょう。

◎技術上のメリットがあるかを製品について具体例に検討してみましょう。

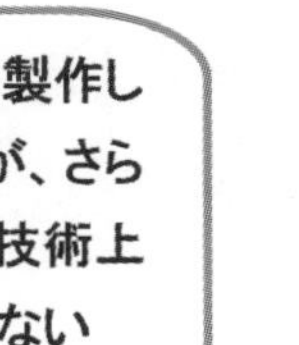

知財博士

【弁理士よりワンポイント】

事例をあげてみましょう

【１】　耐震壁構築用コンクリートブロック

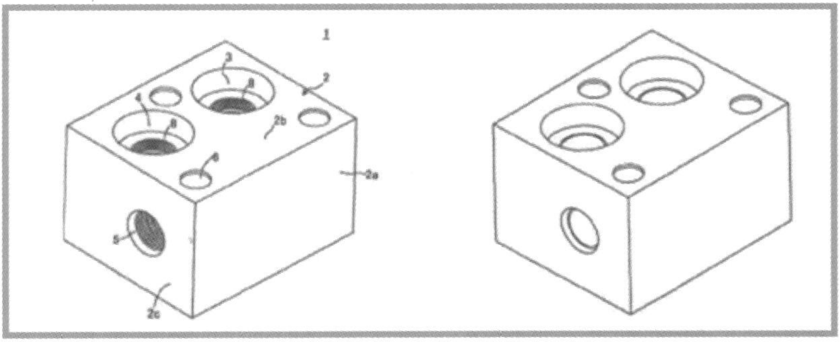

特　　許
（特開２０１０－１９６４６３）

意　　匠
（意匠登録１３７９３１６）

【２】　建柱用基礎コンクリートブロック

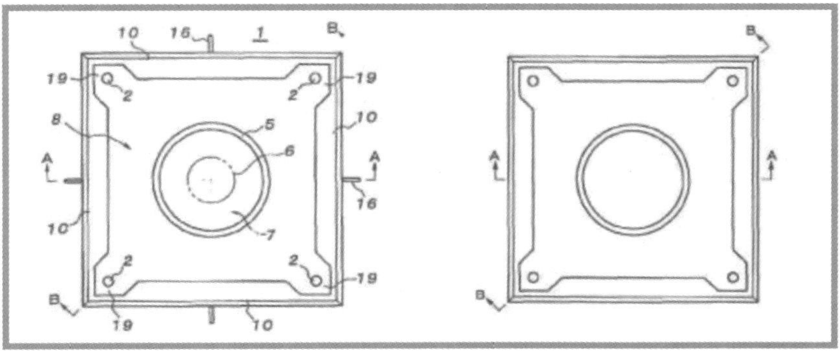

特　　許
（特開２００６－１６１３５７）

意　　匠
（意匠登録１２４７３６５）

Q49 セールスポイントを特許に！

質問！

電気自動車（EV）を独自に開発している町工場経営の社長さんから「大手のEVメーカーとは一味違ったEV車を造った。どのような観点から特許をとったら良いだろうか」という問い合わせがありました。

社長さんによれば、独自の開発方針でEV車を開発しており、新規技術が採用され、コスト低減を図っており、特に若い女性向きのEV車であるとのことです。

EV車を開発した。新しい技術を取り入れ、コスト低減した。若い女性向きのEV車である。
このEV車について特許をとりたい

町工場経営の社長さん

Answer

◎【1】　技術上の新設計、改良

【2】　コスト上の新設計、改良

【3】　セールスポイント上の新設計、改良

にわけて発明を注出してみましょう。

◎カタログに載せるセールスポイントに関連した発明は、極めて重要な特許になります。

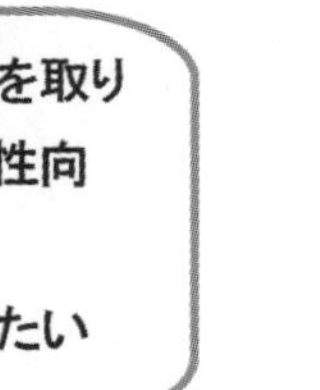

知財博士

【弁理士よりワンポイント】

セールスポイントを特許に！
本日発売

特許には、

◎競合メーカー対応で効果のある特許

◎自社製作上で効果のある特許

◎顧客対応で受注上の効果のある特許

があるようです。

競合メーカー対応で効果のある技術、あるいは自社製作上で効果のある技術については発掘しやすいので、特許出願に結びつきます。

顧客対応で受注上の効果のある技術については、「顧客はこのように使うはずで、最大の効果が得られるはずだ」と想定して特許をとってみてはどうでしょうか。

カタログに載るようなセールスポイントを特許に致しますと、受注に役に立つ特許になることでしょう。

品質、性能を求めた特許は、コストを半減することを可能にする特許発明でバックアップ致しましょう。

Q50 アルゴリズムは特許になるの？

質問！

コンピュータソフト開発会社の社長さんから「アルゴリズムは特許になるのか」という問い合わせがありました。

社長さんの会社ではいろんなコンピュータソフトを開発してきましたが、アルゴリズムは特許にならないと聞いたので、特許出願してこなかったそうです。ところが、業界の集まりで他社の社長さんが「アルゴリズムは特許になる」といっていたのでビックリしたとのことでした。

コンピュータソフトのアルゴリズムは特許になるのだろうか？

コンピュータソフト開発会社の社長さん

Answer

◎アルゴリズムの用い方が特許になります。また、媒体そのものも特許になります。

◎コンピュータで計算するときの「計算方法」としてとらえれば特許になりません。

◎例えばインクジェット印刷に用いる新規な計算方法としてとらえることができるならば特許になります。

知財博士

【弁理士よりワンポイント】

アルゴリズムを特許にしよう！
私が作った
このプログラム、
特許をとりたいな……
Algorithm
例えば、
アルゴリズムの評価法
特許になります
（特許第４５７６５３６号）

アルゴリズムは、ある種の問題を解くための計算の手順、方法です。このようにアルゴリズムをとらえますと、アルゴリズムは特許になりません。

ある種の問題を解くための計算の手順、方法であるアルゴリズムが複数あって、これらのアルゴリズムについての評価方法をコンピュータで実施するアルゴリズムについては、当該アルゴリズムを用いた評価方法が特許になりました。

例えば、新規なアルゴリズムを用いてのインクジェット印刷法ついても特許になります。もちろん、技術上の新規性、進歩性があることは前提ですが。

Q51 簡単な特許ほど よい特許ってどういうこと？

質問！

小工場を経営する社長さんから、「『ものづくり講演会』で、私と同じように小工場を経営する発明家である社長さんが『簡単な特許ほど良い特許である』と話していたが、これはどういうことか」という問い合わせがありました。

社長は「権利範囲の広い特許であれば、その分、記載を要するから簡単な特許になるはずがない」と考えているようです。

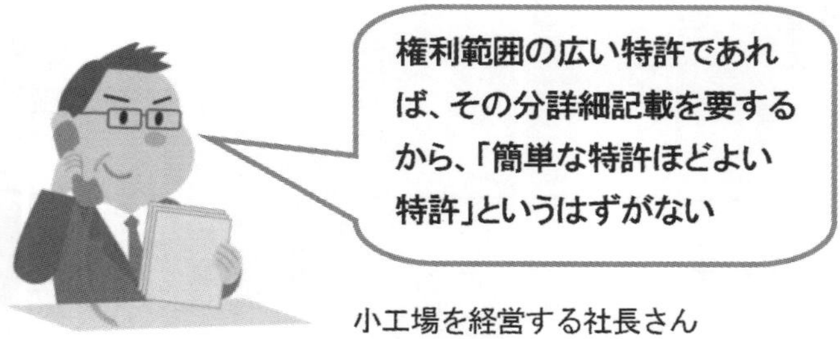
権利範囲の広い特許であれば、その分詳細記載を要するから、「簡単な特許ほどよい特許」というはずがない
小工場を経営する社長さん

Answer

◎確かに、**「簡単な特許ほど良い特許である」という一面があります。**

◎簡単な特許ほど権利範囲が広くなるからです。

◎ただ、簡単な特許には公知例が出現して無効主張の原因になります。そうすると役に立たなくなります。

知財博士

【弁理士よりワンポイント】

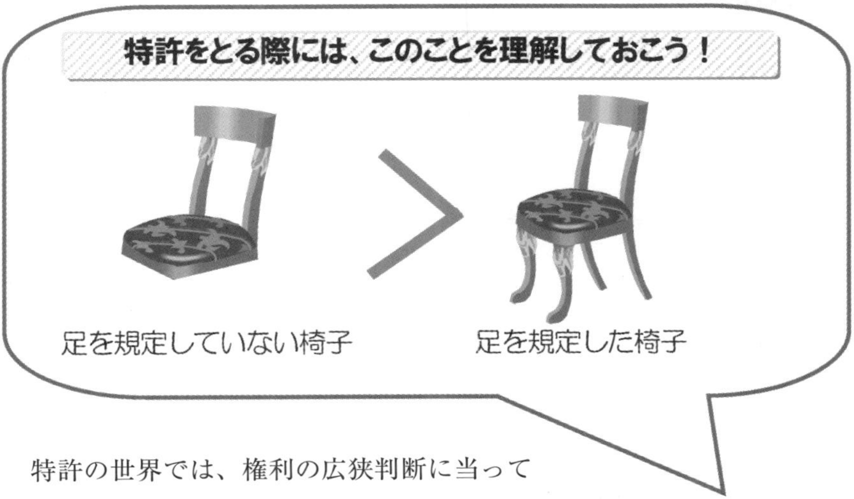
特許をとる際には、このことを理解しておこう！
足を規定していない椅子
足を規定した椅子

特許の世界では、権利の広狭判断に当って

背もたれ＋座面を有する椅子

∨

背もたれ＋座面＋足を有する椅子

となります。構成物の数が増えれば増えるほど範囲が狭くなります。物を持っていれば持っているほど、持っている金額は少なくなっていくようなものです。足を持っている椅子が広そうですが、権利としては逆に狭くなります。

従って、構成物が少ない特許ほど権利範囲が広くなります。この点からは簡単な特許ほど良い特許ということになります。

足を規定していない簡単な特許ほど、新たに見つかった公知例で潰れてしまいやすいのです。

構成が多く記載されていて権利範囲は狭いように見えても、他社との関係で牽制力がある特許が良い特許といえるでしょう。

Q52 日本では基本特許がとりにくいって本当？

質問！

ベローズポンプメーカーの社長さんから「新規設計のベローズポンプを日本・米国・中国及び韓国に出願したところ、米国・中国及び韓国については、ほぼ同一の拒絶理由がきて、ほぼ同一の請求範囲で特許になった。しかし、日本だけはほぼ同一の拒絶理由であったが、さらに限定して特許になった」との話がありました。このことで「日本では基本特許がとりにくい」という印象を持たれたようです。

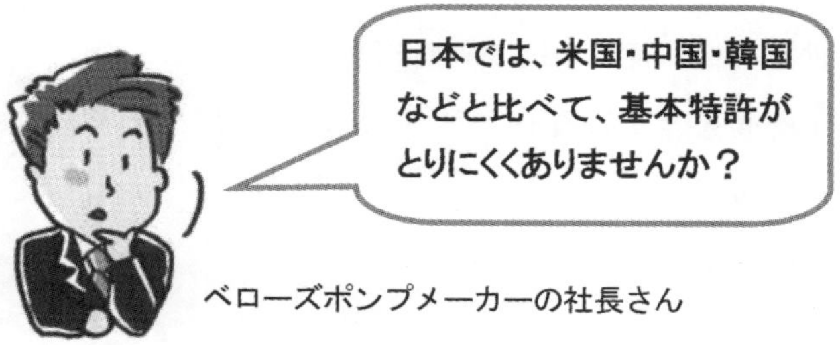
日本では、米国・中国・韓国
などと比べて、基本特許が
とりにくくありませんか？
ベローズポンプメーカーの社長さん

Answer

◎特許が付与される条件の一つに“進歩性”がありますが、この進歩性の判断基準に国ごとに差がありようです。

◎**これらの４カ国の中では、日本が最も進歩性判断審査がシビア**ですので、その分、基本特許がとりにくいといえるかもしれません。

知財博士

【弁理士よりワンポイント】

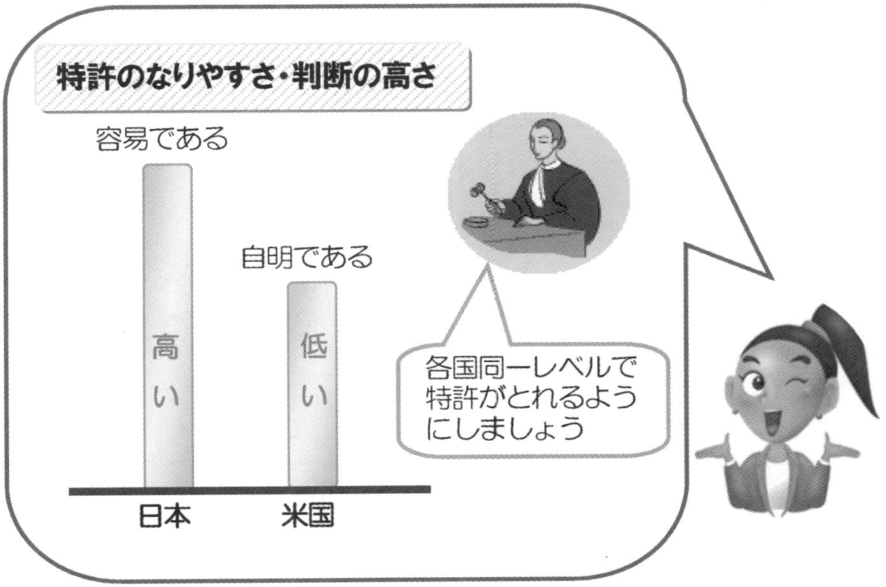
特許のなりやすさ・判断の高さ
容易である
自明である
高い
低い
日本
米国
各国同一レベルで
特許がとれるよう
にしましょう

米国では、日本における進歩性に該当する用語として“自明（Obvious）”が使用されていて、特許になる程度が日本の基準より一般的に低いように思われます。もちろん、ケースバイケースであり、日本より基準が高いと思われる場合もあります。

日本では、進歩性があるかが、「容易である」か、ということで判断されます。いくつもの公知例を引用、組み合わせすることで容易であるとする理由づけがなされる分、一般的に特許になるための基準が高いようです。その分、基本特許が取りにくくなります。

実務的に見ても、中国あるいは韓国における進歩性のレベルは、日本よりも低く設定されているように思われます。もちろん、発明によるケースバイケースということがあります。

Q53 エンジニアが思っている「発明」と弁理士がとらえる「発明」の間には広狭があるってどういうこと？

質問！

電機部品製造会社の社長さんから、次のような話がありました。「我社で発明した新製品について弁理士さんに依頼して、特許出願を完了した。特許出願の内容については満足しているが、弁理士さんとの討議を介して、エンジニアである私が思っている発明と弁理士がとらえる発明の間には、広狭があるように感じた。両者の認識の違いから、開発した一つの技術を特許でカバーするには、工夫が必要かもしれない」とのことです。

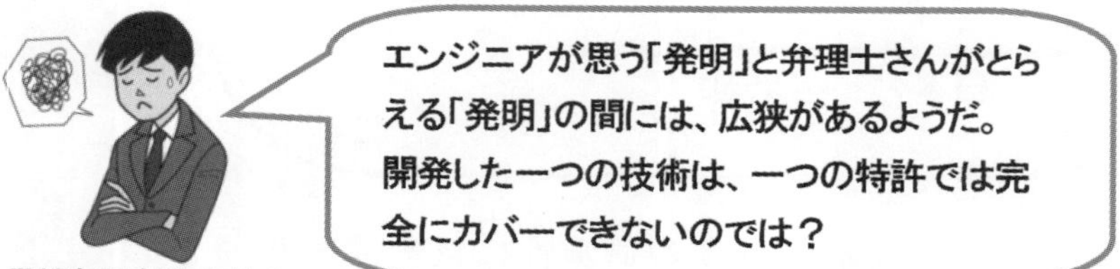
エンジニアが思う「発明」と弁理士さんがとらえる「発明」の間には、広狭があるようだ。開発した一つの技術は、一つの特許では完全にカバーできないのでは？

電機部品製造会社の社長さん

Answer

◎大変重要なことです。

◎一般的にエンジニアなどの皆さんは、製品そのもの、技術そのものを「発明」として想定しております。弁理士さんは、特許出願に当って請求項に構成される内容を「発明」としてとらえます。

◎このため、時において「発明」の概念において相違が生じます。

知財博士

【弁理士よりワンポイント】

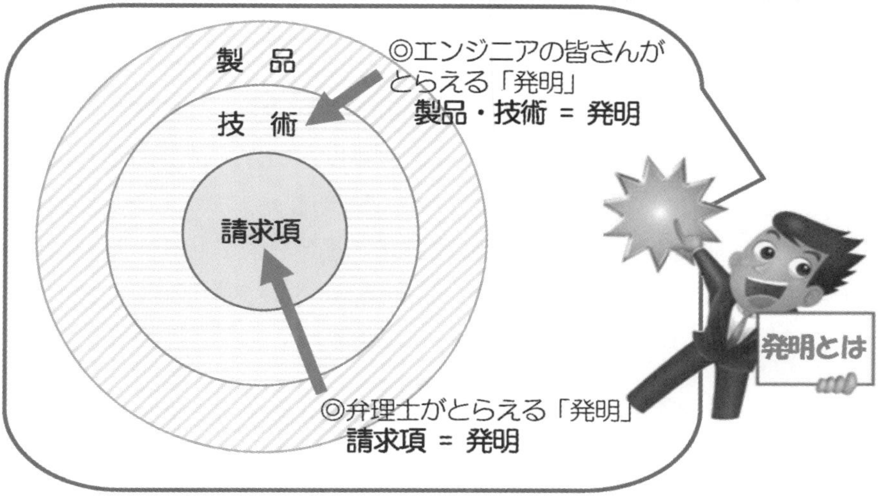
製　品
技　術
請求項
◎エンジニアの皆さんがとらえる「発明」
製品・技術 = 発明
◎弁理士がとらえる「発明」
請求項 = 発明
発明とは

エンジニアの皆さんが想定している「発明」と弁理士がとらえる「発明」の間には、上図に示すように発明のとらえ方に違いがあります。

エンジニアの皆さんは、「新製品ができた」「新技術ができた」という観点で発明が完成したと想定されます。弁理士さんは、「請求項に表現された技術」を一つの発明としてとらえています。請求項が三つあれば、発明が三つあるととらえています。ここに両者にかい離が生じる恐れがあります。見方を変え、裏側から見ますと、上図の範囲は逆転致します。

特許法は、請求項に記載される一つの発明について一つの出願がなされることが原則であると規定しています。一つの出願に、請求項が複数あっても考え方は変わりません。両者の間には、「発明」のとらえ方に違いがありますから、討議に際しては、どの部分の「発明」を討議しているのかを明確にしておくべきでしょう。また、弁理士さんはこのことを討議時によく説明されるといいですね。

Q54 特許の網はどのようにすると張れるのか？

質問！

電機部品製造会社の社長さんから、「開発した新製品について特許の網を張りたいが、どうすると良いか」との問い合わせがありました。「今までも新製品について特許をとってきたが、競業者に特許の範囲からうまく逃げられてしまった。この新製品については、特許の網を張って新製品ビジネスを成功させたい」とのことです。

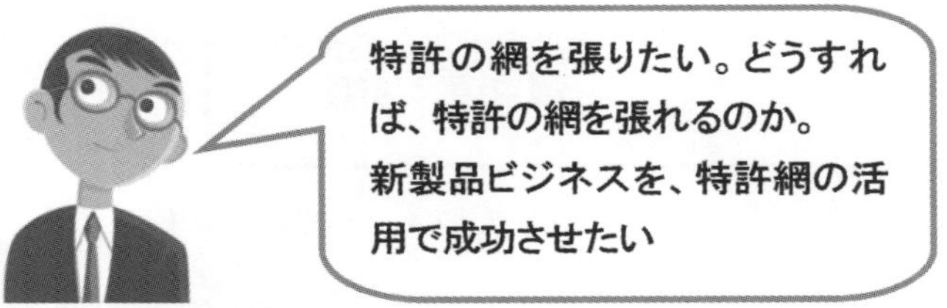
特許の網を張りたい。どうすれば、特許の網を張れるのか。
新製品ビジネスを、特許網の活用で成功させたい

電機部品製造会社の社長さん

Answer

◎特許網とは、複数の特許がくもの巣のようになっていることを表しています。

◎新製品について、これに含まれる技術のすべてを一つの出願で特許をとれるのであれば、特許網は必要ないわけです。しかし、特許法はこのような特許のとり方を許容していません。**一発明一出願の原則があります。**一製品一出願ではありません。

◎このために、一つの技術のカバーに複数の特許をとることが求められることになります。

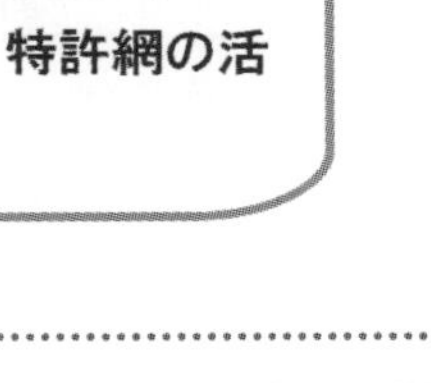

知財博士

【弁理士よりワンポイント】

特許網の基本構成

製品	発明１	発明２	発明３	……
技術１				
技術２				
技術３				
⋮				

一つの事例です。

新製品は複数の技術の束です。特許をとるに際して、技術は文章表現されなければなりません。一つの技術は、文章で現しますと、複数の表現が可能ですので、複数の文章表現の束となります。表現の束の一つが特許出願の時の請求項となります。一つの束は、類似性のあるものと、上位概念に対してその具体的構成の下位概念で表わせ得るものと、を含んでいます。

特許の網の基本構成は、上図のようにＸ－Ｙ座標で現しますと、Ｙ軸に、一つの製品の複数の技術の束が表示され、Ｘ軸に、文章で現される発明の束が表示されることになります。

文章で現される各発明は、類似性のあるものと、それぞれ上位概念に対して下位概念の具体的構成で現されます。筆者は、一つの技術に複数の特許を取得することを勧めております。

特許査定後の一定期間、分割出願を行うことが可能なケースがありますが、特許網形成上、特許査定の対象となっていない発明２、発明３について分割出願し、特許とっていくことの大切さが分かります。

Q55 日本の審査請求料金って高くないですか？

質問！

家具製造メーカーの社長さんから「審査請求料って高くないですか」という話がありました。

社長さんによれば「小企業にとっては審査請求料を支払うのが大変で、料金の面で特許をとりにくい」ということでした。

審査請求料って高いですね。
各国と比べるとどうなのしょうか

家具製造メーカーの社長さん

Answer

◎小企業、個人にとって、審査請求料金の負担は大きいようです。

◎特許庁は、小企業や個人に対して減免制度を設けており、審査請求料の半額を返還しています。

◎また、特許庁が審査請求料を下げることを検討していると報道されています。料金は引き下げられるでしょう。

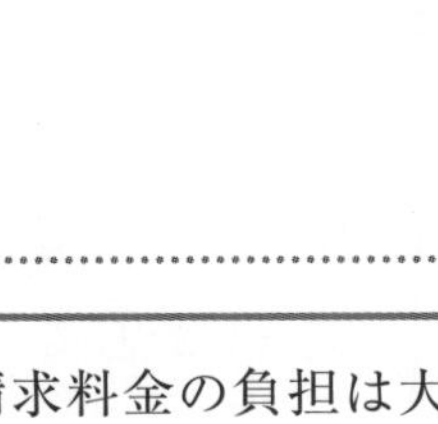

知財博士

【弁理士よりワンポイント】

審査請求料は、

１件につき16万8600円＋4000円／１請求項

となっています。

請求項が８項になりますと、

16万8600円＋32000円＝20万600円

となります。

特許庁は、減免制度を採用していますので、一定の手続きをしますと、半額ほどが減免されます。

また、最近の報道によりますと、特許庁は審査請求料を引き下げる方針のようです。

筆者は、審査請求料が引き下げられて、日本における特許出願件数が増加していくことが、技術発展に寄与することになるものと思います。

Q56 特許庁審査官に面談を申し入れて発明のよさを説明できるの？

質問！ 光ファイバ製造メーカーの社長さんから「特許庁からの拒絶理由があった。そこには、いくつかの公知例からみて、容易になし得たものと認める旨が記載されていた。しかし、当該発明は鋭意研究してできた新製品であり、顧客から称賛されるほどのものなので、『容易になし得る』とした認定には到底納得できない。特許庁審査官に面談を申し入れて発明のよさを説明したいと思うが、可能なのだろうか」という問い合わせがありました。

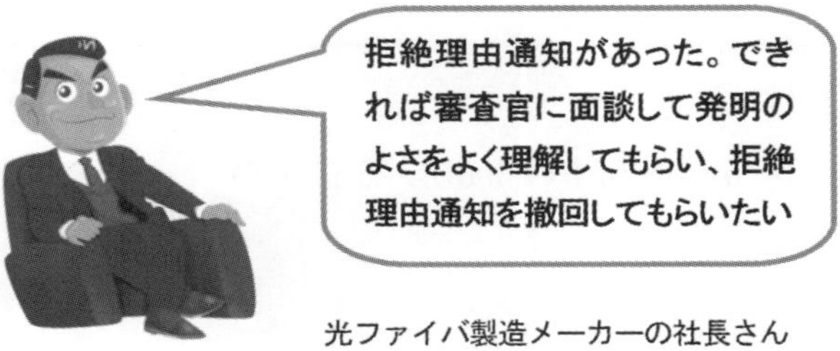
拒絶理由通知があった。できれば審査官に面談して発明のよさをよく理解してもらい、拒絶理由通知を撤回してもらいたい

光ファイバ製造メーカーの社長さん

Answer **◎拒絶理由通知があったときに、審査官面談を申し入れて、発明のよさを説明することができます。**

◎ときには、審査官面談は特許をとるときに有効な手段となります。

◎請求項で記載する範囲が適切でないために拒絶されることが多々あります。このような場合、補正案を作った上で面談にのぞみましょう。

知財博士

【弁理士よりワンポイント】

私の発明によれば
CO_2問題が
解決されます！
なるほど！
審査官

拒絶理由通知があったときに、審査官に面談を申し入れることができます。代理人である弁理士を選任しているときには、弁理士と相談の上、弁理士から申し入れることになります。

審査官面談は特許をとる上で重要な手段ですが、やみくもにやっても効果が少なくなります。何をPRしたいか、あらかじめよく弁理士と相談し、実施するのが良いと思います。

審査官面談のねらいは次のようになります。

【１】 発明の内容が難しいケースで、技術説明

【２】 構成が一見して簡単に見えるが、驚くほどの効果の説明

【３】 発明が現場で使用され、ニーズにマッチしている状況の説明

【４】 補正案についての説明

Q57 発明者教育はどういうところをポイントにして行うといいの？

質問！

エンジニアリング会社で発明者教育を担当しているAさんから「発明者教育システムを作るよう、社長からいわれている。どういうところをポイントに、システムを作っていけばいいのだろう」という問い合わせがありました。

新人が多く入社してきた。発明者教育をしたいが、どんなところをポイントに発明者教育システムを作っていけばいいのだろうか

エンジニアリング会社で
発明者教育を担当している
Aさん

Answer

◎発明者教育というと知的財産の講話ということになりがちです。これでは面白くありません。

◎発明の認識の仕方、及びいかにして特許をとるか、ということに注力した発明者教育システムを作ってはどうでしょうか。

知財博士

【弁理士よりワンポイント】

我社の発明者教育システムは、受講者自身の発明を教材として、１０名ほどでグループを編成し、特許出願まで達成するようにしております

一つの発明者教育システム手法の例は次の通りです。

【1】教育に用いる発明自体は、発明者教育を受ける受講者がなした発明とすることをあらかじめ説明し、宿題とする

【2】受講者は、発明シートに発明をまとめ、提出する

【3】発明シートを特許サーチャーに提出して公知例を収集する

【4】指導者は、受講者に発明のまとめ方向を説明する

【5】受講者はまとめ方向に沿って、その日に明細書、図面を作成する

【6】指導者と受講者は明細書、図面、公知例に基づいて特許性について検討する

【7】受講者は明細書、図面を訂正し、請求項案を提出する

【8】指導者は、後日、提出された明細書、図面を見て、請求項を構築し、受講者に提示すると共に、請求項に沿った訂正された明細書、図面の作成を指示する

【9】受講者は、指示に沿って明細書、図面を作成する

【10】指導者は、作成された明細書、図面、請求項を添削し、受講者に戻し、受講者は最終版としてまとめ、事務局に提出する

Q58 拒絶理由がきたらどう対応するの？

質問！

エレベータ部品メーカーの社長さんから「特許庁から拒絶理由が送られてきたら、どう対応すれば良いのか」という問い合わせがありました。

拒絶理由通知書には、特許法第29条第２項に基づいて拒絶するということと、特許法第36条第２項に基づいて拒絶する旨の記載があったそうです。このような書類を見るのは初めてなので戸惑っている、とのことでした。

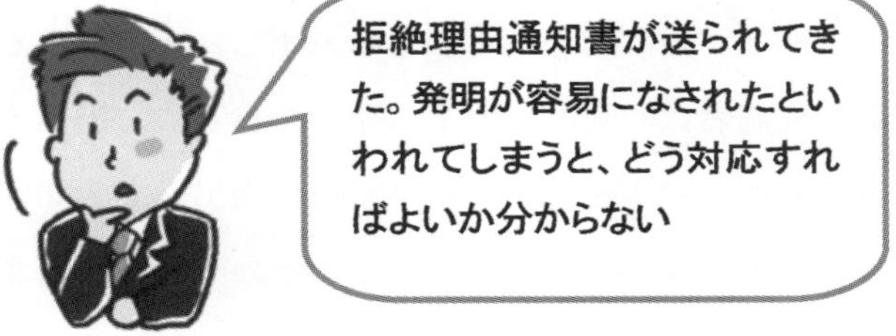
拒絶理由通知書が送られてきた。発明が容易になされたといわれてしまうと、どう対応すればよいか分からない

エレベーター部品メーカーの社長さん

Answer

◎拒絶の根拠となる理由によって、対処の仕方が異なります。通常、

◆公知例から発明が容易にできたものとされたとき

➡発明の範囲を縮小する補正

◆請求項記載が不十分とされたとき（第36条第２項）

➡請求項記載を明瞭にする補正

を行います。

知財博士

【弁理士よりワンポイント】

容易になし得たといわれても困るナァ。苦労してできた発明なんだけどナァ
新製品

拒絶理由の多くは、公知例の組み合わせによって、「発明が容易になし得た」とされる場合と、「発明の構成が十分にかつ明瞭に記載されていない」とされます。最近は、一発明一原則を外れているとする拒絶理由が増えています。

通常、容易になし得たとされた場合は、その理由を十分に検討して、反論意見をまとめます。多くの場合、特徴構成を付加して容易にできないことを説明します。引用例に記載された事項との違いがポイントになります。明瞭でないとされた場合は、不明瞭であるといわれる事項について補正して明瞭にします。一発明一原則違反とされた場合は、請求項の再構築が必要です。これらの補正は、明細書及び図面に、記載範囲で行わなければなりません。

Q59 拒絶理由通知と拒絶査定の違いは何なの？

質問！ エレベータ部品メーカーの社長さんから「先に拒絶理由が来たと思ったら、今度は拒絶査定が送られてきた。これらの違いは何なのか」という問い合わせがありました。

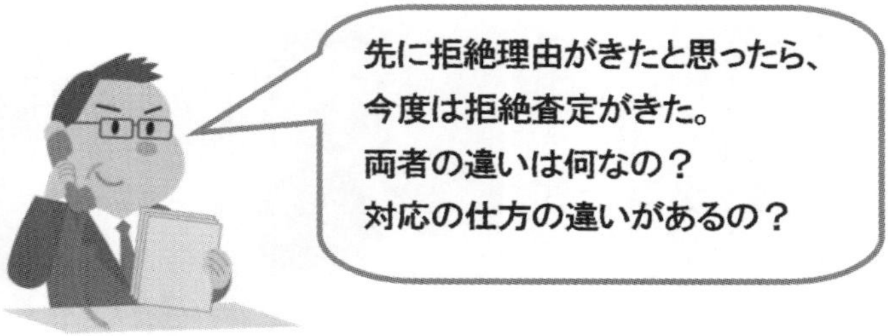
先に拒絶理由がきたと思ったら、
今度は拒絶査定がきた。
両者の違いは何なの？
対応の仕方の違いがあるの？

エレベータ部品メーカーの社長さん

Answer **◎拒絶理由は、審査官が審査の結果、公知例があるなどの理由で特許にならないとするとき**に出されます。

◎拒絶査定は、拒絶理由に対して補正するとか、意見書を提出して特許になるべき理由を提出したが、やはり審査官は特許にならないと判断したときに出される審査官最終決定です。

知財博士

【弁理士よりワンポイント】

私には
拒絶理由通知。
そこで、私は補正し
意見を述べます
特許庁
私には拒絶査定。
そこで、私は、
審判請求します

拒絶理由は、審査官が審査の結果、公知例があるなどの理由で特許にならないとするときに出される通知書です。

この理由通知があったときに、その理由がもっともである場合には請求項の記載を補正して請求項記載の発明を縮小すると共に、縮小した構成を根拠にし、容易になし得たものでないことを意見として述べます。

拒絶査定は、拒絶理由があって補正し、意見を述べたのにもかかわらず、審査官はやはり拒絶に該当し、特許にならないと判断したときに出されます。これは、審査官による最終決定を意味します。

この査定があったときであっても、「どうしても特許をとりたい」と思う場合には、不服審判を請求することになります。この審判請求の際、もう一度補正するチャンスが与えられますので、特許になるように適正に補正することが求められます。

Q60 審判はいつ請求できるの？ また、費用は？

質問！ 設計事務所の設計担当部長Ａさんから「拒絶査定があった後、いつまで審判を請求できるのか」という相談がありました。Ａさんも、顧客からの問い合わせがあったようです。

拒絶があった時の審判は
いつまでに請求すればいいの？
請求に要する金額は？

設計事務所の設計担当部長Ａさん

Answer

◎**拒絶査定の送達があった日から３カ月以内**に請求します。

◎審判請求に要する費用は、弁理士費用を含めて30万円内外になるでしょう。

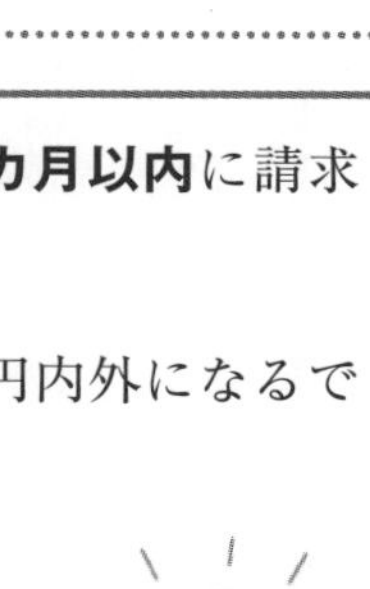

知財博士

【弁理士よりワンポイント】

金がかかって
大変だが
がんばって
特許にしよう！
拒絶審査
◆３カ月以内に
審判請求
◆審判請求書提出
（トータル費用は
30万円内外）

拒絶査定のあったときの審判請求は、拒絶査定の送達があった日から３カ月以内に行うことになります。

なお、審判請求は、審判請求書を提出することで行います。この場合、拒絶理由がどのような理由で間違っているのかを示す請求の理由を提出する必要があります。

審判の請求に要する特許庁手数料は、

49,500円＋5,500／１請求項

従って、請求項が８つありますと、

49,500円＋44,000＝93,500円

となります。

これに弁理士費用を加えますと、トータルの手数料は30万円内外となります。この金額は参考です。

Q61 特許庁審判で負けたら、後の対応はどうするの？　また、費用は？

質問！

設計事務所の設計担当Ａさんから「拒絶査定に不服があり請求した審判で、理由が認められずに負けてしまった。後の対応はどうすれば良いだろう」と相談がありました。

Ａさんとしては重要発明なので、どうあっても特許をとりたいとのことでした。

不服審判で負けたらどう対応すればいいの？
対応に要する費用の概算はどれくらいなの？

設計事務所の設計担当Ａさん

Answer

◎審判で負けた後の対応は、控訴裁判所（東京高等裁判所）に訴を提起することになります。

◎審決の送達があった日から30日以内に訴状を提出することになります。

知財博士

【弁理士よりワンポイント】

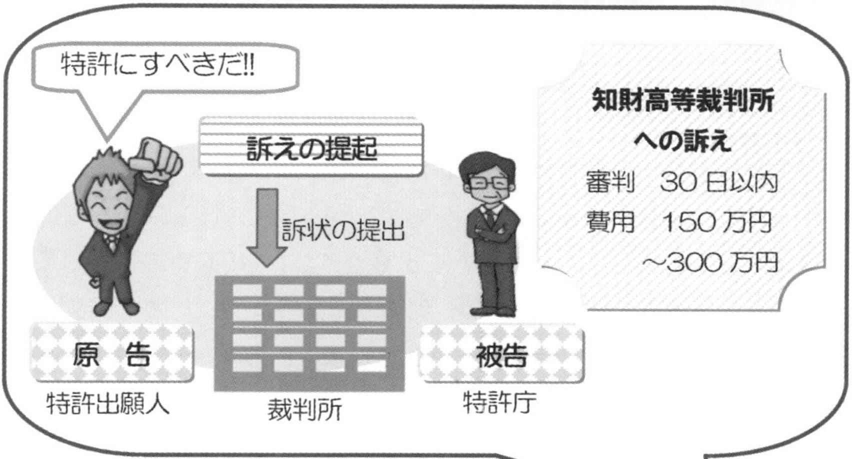
特許にすべきだ!!
訴えの提起
訴状の提出
原 告
特許出願人
裁判所
被告
特許庁
知財高等裁判所
への訴え
審判 30 日以内
費用 150 万円
～300 万円

審判で拒絶審決があった後の対応は、知的財産高等裁判所（東京高等裁判所の特別支部）に訴えを起こすことになります。この裁判所は、全国すべての特許権などに関する技術や特許庁の審決に対する訴訟を扱います。

この訴えは、審判謄本の送達があった日から30日以内に訴状を提出して行います。

訴状提出後に訴えの理由を提出することができます。

外国の出願人の場合は、訴えの期間に付加期間が追加されます。

この裁判のための費用はケースバイケースであり、ケースによって差がありますが、書類作成、検討に時間を要するため、通常代理人費用を含めて150万円～300万円ぐらい（ご参考）要するものと思います。

この裁判の進行は、現在、極めてスムーズに行われています。

Q62 特許出願するのがよいのでしょうか、ノウハウとして秘密保持するのがよいでしょうか？

質問！

金物メーカーの社長さんはアイデアマンで、多数のアイデアで独特の金物を製品しています。この社長さんの方針は特許出願よりもノウハウとして保持し、公開しない方が事業上ベターであるということにあります。「技術競争の激しいこの世の中で、特許をとることも考えるが、ノウハウとした方が同業他社に対して優位性を保持できる」と話しています。

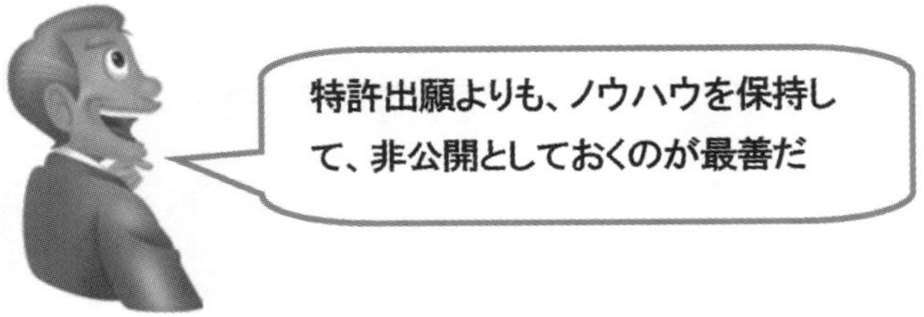
特許出願よりも、ノウハウを保持して、非公開としておくのが最善だ
金物メーカーの社長さん

Answer

◎知財活用方針によって、特許出願かノウハウとして保持するかを決めてはどうでしょうか。

◎ノウハウが「実用的だが顕現性がない」という際はノウハウ保持が考えられます。製造方法技術のような場合です。

◎ノウハウ技術であるが、ビジネス上のPR材料として用いる、あるいは用いることが可能であって活用方針がはっきりしているときには、特許出願して特許をとることを勧めます。また、他社に特許をとられる恐れがあるようなときにも特許出願しましょう。

知財博士

【弁理士よりワンポイント】

ノウハウとして保持
するべきか、
特許出願するべきか
活用方針があ
るかどうかで
決めてはいか
がですか？

製造方法は、特許をとっても、相手が実施する製造は工場内で行われるためにどのようにするのか分からないのが普通です。このような、相手の実施方法が分からないようなときには、ノウハウとして保持し、非公開とするのが良いでしょう。ただ、製品を見れば製造方法を推定できるようなときには、特許出願することが良いと思われます。

顧客の使用方法あるいは製品そのもの自体の発明については、特許出願することが勧められます。

筆者の経験では､社の方針としてノウハウとして保持していたところ、競業者から特許出願があり、特許成立したためにおおいに困った、という社長さんがおりました。

競業者が盛んに特許出願するような場合には、対抗上も特許出願することが良いと思われます。

ノウハウは技術の束としてとらえて、複数の特許出願を行うことで、ノウハウを出願し、万全の保全化を図っている企業があるようです。

ノウハウ保持する場合には、製品発表、顧客への説明などを通して、一般公開されたと同様な事態になることを避けることが大切です。

Q63 発明は会社のものですか？ 職務発明について知りたい！

質問！

おもちゃメーカーの社長さんから「新製品となるおもちゃを作ったが、このおもちゃに盛り込まれたアイデアは職務上生まれたもので、会社のものと考えていた。ところが、同業者から『特許を受ける権利は発明者に帰属する』といわれた。この取り扱いについて教えてほしい」と相談がありました。

社長さんは「おもちゃを試作するまでに多くの研究・開発費を投資して、その結果として試作品ができあがった」と話していました。

おもちゃ
メーカーの
社長さん
新製品のおもちゃに盛り込まれた発明は、職務上生まれたものであり、会社に帰属させて特許出願したい

Answer

◎**職務発明**の取り扱いの問題です。おもちゃに盛り込まれた発明について、特許を受ける権利は、当初、発明者にあります。

◎**「職務上生まれた発明が会社に帰属する」とするためには、職務発明者規定あるいは従業員との間に取り交わした契約が必要です。**

◎現在ない場合には、これらの規定を整備しましょう。

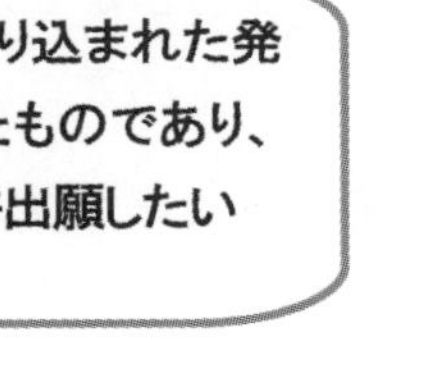
知財博士

【弁理士よりワンポイント】

多くの企業で、企業内で生まれた発明を企業の名前で出願して、特許をとっています。これは特許を受ける権利が企業内発明者から企業に譲渡されているからです。

職務から生まれた発明なので職務発明といいます。職務発明については発明が生まれたときには、会社に帰属するとの社内規定を設けておくのが良いでしょう。従業員の皆さんによく説明しておきましょう。

このような社内規定には、「会社は、発明者に対して発明の価値に対応した補償をする」ことを明記し、適正に補償致しましょう。

特許法は、このように両者の権利の平衡を図っておりますが、こうした取り決めは、企業内の発明活動を活発にするのに大切なことです。

社内規定や契約がありませんと、発明者に特許を受ける権利がありますので、発明者が自分の名前で特許をとれます。そして、従業員が特許を取得致しますと、会社には通常実施権が発生します。

社内規定が設けられていて、発明者に対価が支払われたケースでも、対価が不十分であるとして会社が裁判所に訴えられて係争になったケースがいくつもあります。

Q64 新製品販売します。特許事前調査していないのだけど、大丈夫かな？

質問！

プレハブ住宅メーカーの社長さんから「新製品のプレハブ住宅を販売することになった。特許事前調査をしていないんだけど大丈夫かな」という問い合わせがありました。

この社長さんによれば、今までにない設計を取り入れたものなので、同業他社が特許をとっていることはないと判断しているとのことです。

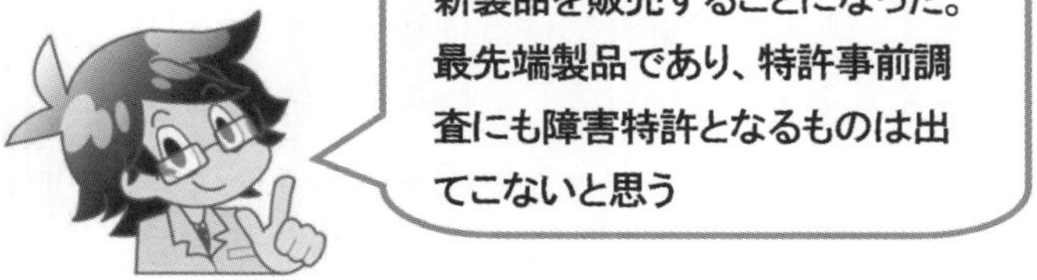
新製品を販売することになった。最先端製品であり、特許事前調査にも障害特許となるものは出てこないと思う

プレハブ住宅メーカーの社長さん

Answer

◎新製品販売に当たって、特許事前調査していないと、大変なリスクを負うことがあります。

◎販売前に特許事前調査をして、他社が取得の障害特許がないかチェックをしましょう。

知財博士

【弁理士よりワンポイント】

警告書
ちょっと
待ってください！
権利侵害だ！
特許事前調査しておきましょう！

最先端技術の新製品であっても、特許事前調査していないと、後日権利侵害という大変なリスクを負い、新製品販売をストップせざるを得ない事態が生じます。

特許事前調査には

◎特許になっているもの

◎特許公開中のもので特許になっていないもの

があります。これらのものを特許公報で調査し、障害になる特許あるいは公開になった出願がないかをチェックして、販売前に対策しておくことがビジネス継続するに当って大切になります。

Q65 我社は「他社特許対策は必要ない！」でいいですか？

質問！

エンジニアリング社の社長さんが「業界雑誌を見ていたら、開発・販売しようとしている新製品と同様の製品が記載されていた。しかも特許番号が表示してあったのでビックリした。しかし、当社は、特許製品を実施しているので、特許侵害になることはない」と話していました。このエンジニアリング社では今まで他社特許対策をしたことがないとのことです。

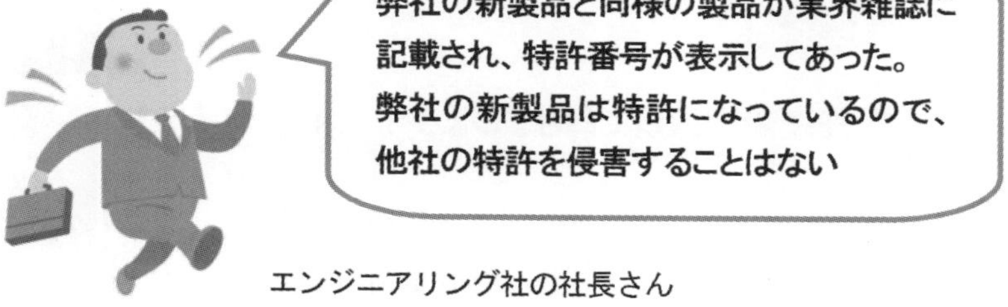
弊社の新製品と同様の製品が業界雑誌に記載され、特許番号が表示してあった。弊社の新製品は特許になっているので、他社の特許を侵害することはない
エンジニアリング社の社長さん

Answer

◎新製品が特許になっていても、他社さんの特許公報を取り寄せ、特許の内容を確認し、特許侵害していないことを確認しましょう。

◎特許製品であっても他社の特許を侵害することが生じることがありますので、注意しましょう。

知財博士

【弁理士よりワンポイント】

特許製品でも他社特許対策が必要です
特許になっているので、特許侵害はありませんよ
新製品
特許侵害です！ライセンス料を払ってください

他社特許対策は次のようになります。

◎特許番号から特許公報などを取り寄せて特許内容確認する。

◎自社製品について図面に表し、特許の構成要素と図面図示の製品部分と対比する。

◎すべての構成要素と製品部分が一致すれば特許侵害の恐れがあり、一致しなければ非侵害とする。非侵害としたときに、相違点について等価あるいは均等でないか判断する。

◎「特許侵害恐れあり」と判断した場合、公知例を調査し、ドンピシャリの公知例があれば特許無効と判断する。特許無効であれば、特許非侵害となる。容易推考により特許無効の判断は慎重に行う。

◎ドンピシャリの公知例がなければ特許が有効で特許侵害となるので、特許侵害を前提に社として対策を立てる。

Q66 他社から特許侵害警告があったら？

質問！

自動制御機製造メーカーの社長さんに、「同業者から『あなたの会社で販売した自動制御機が、我社の特許を侵害するので、ただちに製造を取り止め、損害賠償を支払ってほしい』という内容の侵害警告書があった。どう対処すべきだろうか」と相談されました。

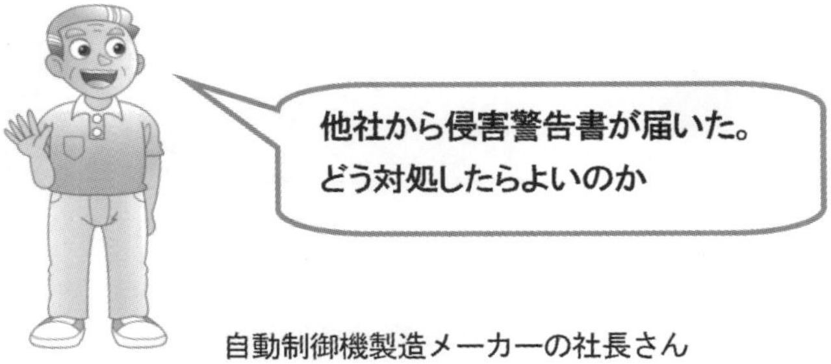
他社から侵害警告書が届いた。
どう対処したらよいのか

自動制御機製造メーカーの社長さん

Answer

◎ただちに、弁理士に相談しましょう。

◎相手に対してやみくもに反論することはやめましょう。ただちに十分な対策が必要です。特許侵害警告は、特許侵害訴訟の前哨戦です。

◎特許権の強さに加えて、財産価値評価が必要になります。

知財博士

【弁理士よりワンポイント】

チェックと対策を充分に
特許性はあるのか？
Check！
有償実施交渉が
必要になる
かナァ

特許が有効に存在しているか、特許発明の技術的範囲に入っているかの検討、公知例との関係で無効主張はできないのか、先使用権はないのか、設計変更の余地はないのか、対抗特許をぶつけることはできないのか、実施額はどの程度か、などの検討をすることになります。これらの判断は、いずれの場合も技術的法律的な専門知識と判断を要する事項ですので、弁理士の協力なしでは対案を考えることは難しいでしょう。

警告書への対応が不十分で誠意がないと特許権者に思われた場合には、地方裁判所に差止請求を求めるなどの裁判を起こされることがありますので、慎重に対処しましょう。

侵害したことに非があったと判断されるときには、ライセンス許諾交渉を持つことになります。この場合にあっても、十分な戦術が求められます。

Q67 特許がないときでも模倣防止はできるの？

質問！

小型モータ製造会社の社長さんから「技術開発してきた新製品を販売したところ、評判が良く売上げ増となってきた。しかし、最近になって製品を模倣され、売り値を下げざるを得なくなってきて困っている」と相談されました。この社長さんは、新製品について特許出願することを一時は考えたものの、特許出願に要する費用を考えて、結局、特許出願しなかったようです。

特許出願しておかなくて
失敗したナァ

小型モータ製造会社の社長さん

Answer

◎商品の形態を模倣した商品であるかどうかを検討して、対応することになります。

◎なお、新製品は、特許で保護するという社としての基本方針を持つことに致しましょう。

知財博士

【弁理士よりワンポイント】

【事例】iMacデザイン模倣事例

商品の本体の形状、色彩等は技術的機能に由来するものではないとして、商品表示性を認めた。

原告商品

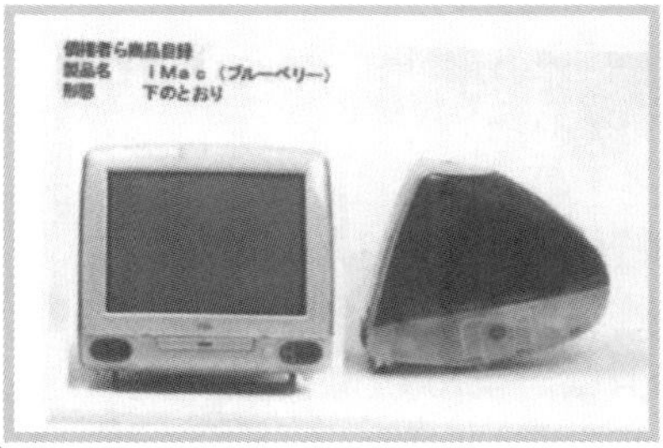

被告商品

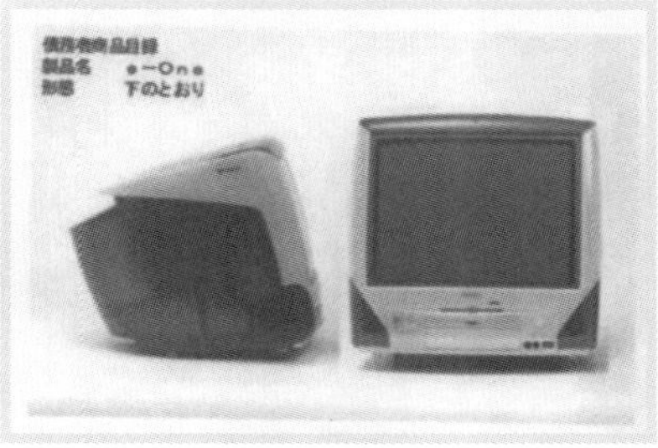

特許権による救済が受けられません。

従って、対策が限られてきます。

不正競争防止法上の救済が受けられるかどうか検討することになります。

不正競争防止法は、次の行為を不正競争として救済すなわち差し止め及び損害賠償できることとしています。

「他人の商品の形態（当該商品の機能を確保するために不可欠な形態を除く）を模倣した商品を譲渡し、貸し渡し、譲渡若しくは貸渡しのために展示し、輸出し、又は輸入する行為」

Q68 特許侵害しているかどうかはどう判断すればいいの？

質問！

建設機械部品メーカーの社長さんから「競業メーカーが、当社製造の部品が競業メーカーの特許を侵害するので、ただちに製造を取り止め、損害賠償を支払うように、との警告書を送ってきた。大変困っている」との話がありました。

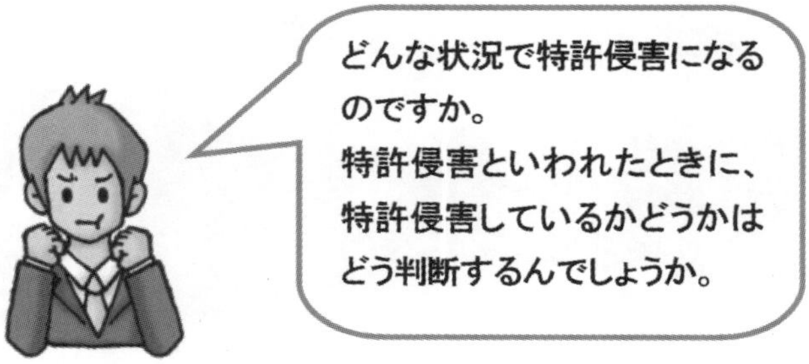
どんな状況で特許侵害になるのですか。
特許侵害といわれたときに、特許侵害しているかどうかはどう判断するんでしょうか。

建設機械部品メーカーの社長さん

Answer

◎特許公報記載の特許請求の範囲の請求項に記載された内容のすべてを実施していると、原則特許侵害となります。

◎公知例がありますと、特許無効となります。特許成立のいきさつも調べることが求められます。

知財博士

【弁理士よりワンポイント】

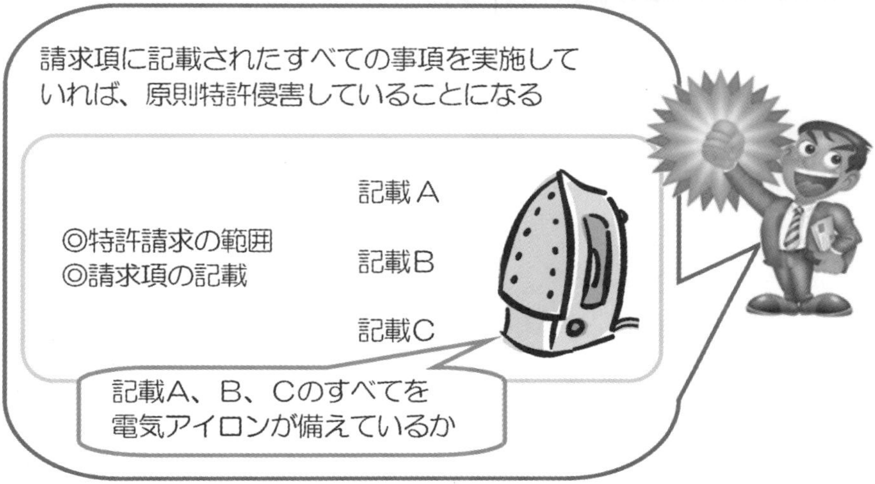
請求項に記載されたすべての事項を実施していれば、原則特許侵害していることになる
◎特許請求の範囲
◎請求項の記載
記載Ａ
記載B
記載C
記載A、B、Cのすべてを電気アイロンが備えているか

特許になりますと、特許公報が発行されます。特許公報には、特許請求の範囲という項目があり、特許出願人は特許として請求したい発明を請求項として記載します。すなわち、この請求項に特許内容が記載されます。

従って、請求項に記載されたすべての事項を実施したときに、原則特許侵害となります。一部の事項を不実施のときは発明全部を実施したことになりませんので、特許侵害にはなりません。

ただ、ここで注意しなければいけないのは、一部不実施とはいいながら、等価あるいは均等といえる手段あるいは方法で実施しているようなときは、特許侵害となります。

また、一度特許成立しても審査のときに使用されなかった公知の文献があって、本来特許成立されるべきものでなかったときには、特許侵害にはなりません。審査時の相手の主張も見なければなりません。

Q69 特許権侵害訴訟はどのように提起するの？

質問！

通信機器部品メーカーの社長さんから「取得した特許にかかわる製品を模倣する製品を顧客のところに持ち込み、『特許を侵害していないし、価格も安くなる』としてPRしている会社がある。顧客から『性能同一で、安価ならばこの製品を採用する意向である』といわれて困っている。この際、特許権侵害訴訟を提起し、模倣品の製品を差し止めたいと思っている」との話がありました。

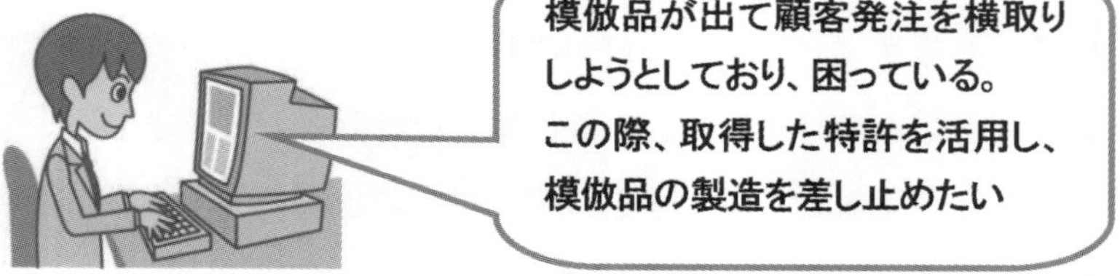
模倣品が出て顧客発注を横取りしようとしており、困っている。
この際、取得した特許を活用し、模倣品の製造を差し止めたい

通信機器部品メーカーの社長さん

Answer

◎特許権侵害訴訟に熟練した弁護士さんを選任してケースを依頼することになります。

◎また、この特許を取得した弁理士さんに相談して、弁護士さんの調査、ならびに係争に当って代理人として活躍してもらうことを考えてはどうでしょうか。

知財博士

【弁理士よりワンポイント】

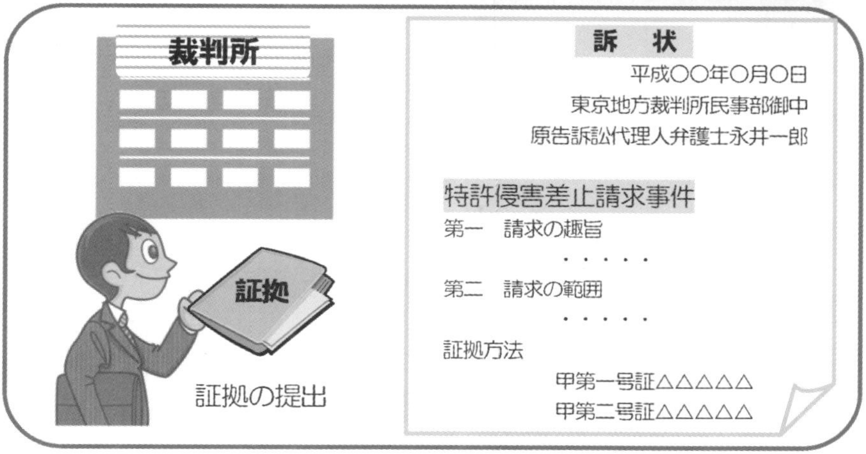
裁判所
証拠
証拠の提出
訴　状
平成○○年○月○日
東京地方裁判所民事部御中
原告訴訟代理人弁護士永井一郎
特許侵害差止請求事件
第一　請求の趣旨
・・・・・
第二　請求の範囲
・・・・・
証拠方法
甲第一号証△△△△△
甲第二号証△△△△△

次のようなステップを踏んで慎重に進めてはどうでしょうか。

【ステップ１】　特許権侵害かどうかの確認をする

【ステップ２】　特許権侵害訴訟に熟練した弁護士を選任して、代理人とし依頼する。弁理士を合わせて選任する。

【ステップ３】　弁護士、弁理士を入れまして、特許権侵害訴訟を遂行可能かについて検討する

【ステップ４】　訴状の提出

特許権侵害訴訟を提起して訴訟を継続していくことになりますが、企業のトップが常に念頭に置くべき事項は、最終的に判決を得ることが目的ではないということです。事業が目標に向かって順調に伸びるための経済上の特許権侵害訴訟提起でありますので、特許権侵害訴訟提起の事実の説明、訴訟の途中での和解交渉なども念頭において、経営にプラスになるように解決していくのが良いと思います。

Q70 特許の先使用権って何？

質問！

自動制御製造メーカーの社長さんから「特許の先使用権って何？」という問い合わせがありました。

特許侵害警告があったので、顧客に報告したところ、顧客から他社の特許を侵害するようなことがあっても先使用権を持っているはずであるので、問題ないのではないか、といわれたとのことでした。

特許の先使用権って、どういう権利なの？
何を立証すれば、この権利があることになるの？

自動制御製造メーカーの社長さん

Answer

◎特許の先使用権があると、特許を侵害するようなことがあっても無償で実施できます。

◎特許法第79条にこの権利の発生する場合の要件が規定してあります。

知財博士

【弁理士よりワンポイント】

特許法第79条をみてみましょう。

次のような場合に、先使用による通常実施権が発生することが規定されています。要約してみます。

自動制御機について

【１】自ら発明をしていること、発明知得に問題なく、

【２】特許権者の特許出願があった際に、事業をしていたか準備をしていること

これらのことは、製作図面その他の資料で立証することになります。

この立証ができますと、

【３】実施している発明を逸脱しない範囲で

【４】事業していたか準備をしていた範囲で

無償の通常実施権を有していることになります。

これらの判断には技術的法律的な専門知識が求められますので、弁理士に相談しましょう。

Q71 特許公報は判読が難しい！

質問！

自動車電装品メーカーの社長さん、及びこのメーカーのエンジニアから「特許公報には技術内容が記載されているが、一般の技術文献に比べて判読が難しい。請求項にいたっては、とうてい日本語とは思えないほど判読が難しく、場合によってはまったく理解できない。企業の事業のための特許なのだから、もう少し判読できるよう記載してはどうなのだろう」という意見がありました。

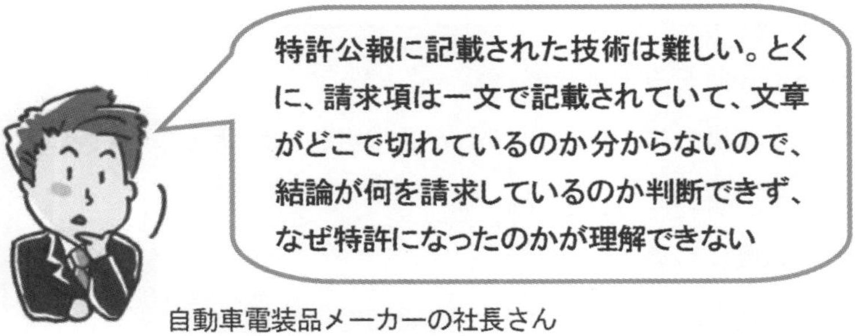

特許公報に記載された技術は難しい。とくに、請求項は一文で記載されていて、文章がどこで切れているのか分からないので、結論が何を請求しているのか判断できず、なぜ特許になったのかが理解できない

自動車電装品メーカーの社長さん

Answer

◎一般に、難しい表現になっています。

◎発明を、特許という権利にしていますので、権利書であることをご理解いただければ、割合と容易に判読できると思います。

◎特許公報は、権利書であり、技術書です。

最先端技術が掲載されていますので、慣れますと見ることが楽しくなります。

知財博士

【弁理士よりワンポイント】

特許公報は、技術内容と特許という権利内容の双方を読者に分かっていただけなければならない機能を持っています。

発明を財産権に変身させるのは、子供の玩具自動車を宇宙戦闘ロボットに変身あるいは昇華させるようなものです。変身・昇華の仕方を間違えた特許はザル特許と呼ばれ、何の役にも立たない特許になってしまいます。この変身・昇華の仕方が悪いと、特許庁の審査官は「特許性がない」といって拒絶して容易には特許にしてくれません。

弁理士は、【1】特許法という適用法律を見ながら、【2】審査官の方を見て特許性を主張し、【3】顧客の方を見ながら、権利活用を考え、【4】公知例との差異を考えて、いろいろとテクニックを使いつつ変身・昇華させることを試みます。その結果が特許公報となって世に出てまいります。そんな訳で、特許公報には契約書としてのニュアンスが入り、模倣防止の対策が立てられています。そのため、判読が難しくなっています。弁理士のいい訳です。

Q72 特許取得に要する費用と期間は？

質問！

計測機器メーカーの社長さんから「新しく開発した計測器について特許をとりたい」と問い合わせがありました。

出願時に要する費用、特許庁からの何らかの指令・アクションに要する費用、及び特許成立したときに要する費用の概算と、これらの費用がいつの段階で発生するのかを知りたいそうです。

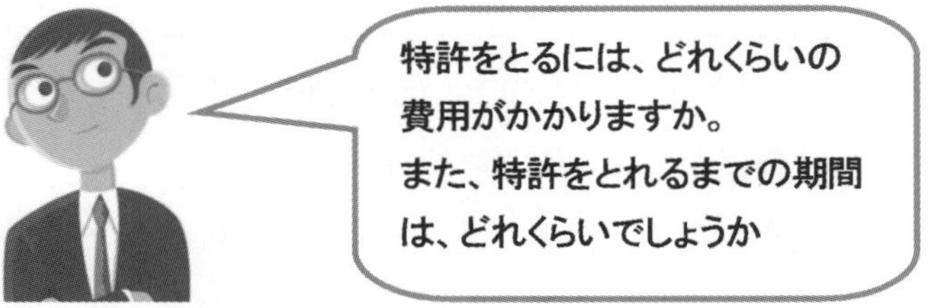
特許をとるには、どれくらいの費用がかかりますか。
また、特許をとれるまでの期間は、どれくらいでしょうか

計測機器メーカーの社長さん

Answer

◎通常、特許出願時に約45～50万円（特許庁納付料金及び審査請求料を含む）を要します。

◎特許庁からのアクション対策に約10～15万円、特許成立時に約５万円（特許庁納付料金を含む）を要します。

◎トータルでは60～70万円ほどでしょう。

知財博士

【弁理士よりワンポイント】

	費　　用	費用発生時
特許出願	約25～30万円	出願時
審査請求	約20万円	審査請求時 （出願時もある）
特許庁からの拒絶に対する対策	約10～15万円	1.5～2.5年後
特許登録 （特許庁納付特許料含む）	約５万円	２～３年後
トータル	約60～70万円	

（請求項６つ）

上記の表は、通常の費用例です。

審査請求は出願の日から３年以内に行うことが可能で、審査請求を遅らせますと、それに伴って特許成立が遅れます。

製品の生産、販売計画があって、早期審査要望書を提出することによって、特許成立は迅速になります。

これらの費用、期間は目安であって、ケースによって変動します。

また、特許庁からのアクションの一つとして、拒絶理由通知があります。これに対応する意見書・手続補正書を提出したが認められずに、拒絶査定になり、審判請求してチャレンジするようなケースでは、さらに費用と期間を要します。審判請求に際しては通常、約30万円を要しますが、ケースによって異なります。

次ページに一つの参考例を示します。

特許出願料、審査請求料、特許料

【1】特許取得にかかる費用

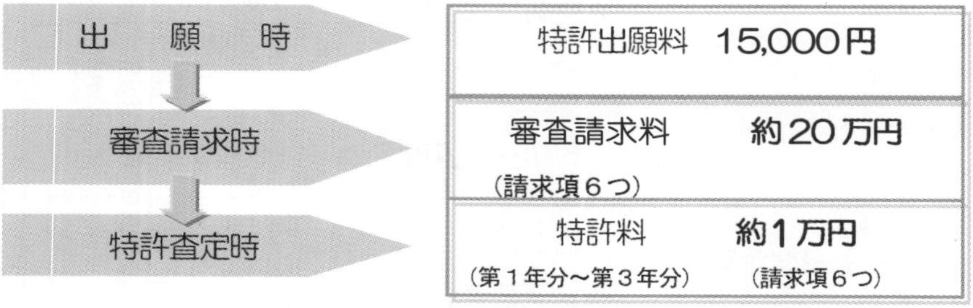
出　願　時
審査請求時
特許査定時
特許出願料　15,000円
審査請求料　約20万円
（請求項６つ）
特許料　約１万円
（第１年分～第３年分）　（請求項６つ）

【2】4年目からの特許料

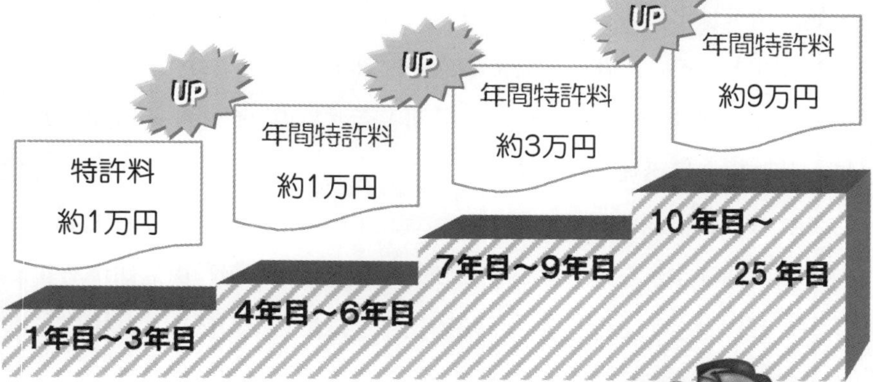
特許料
約1万円
1年目～3年目
UP
年間特許料
約1万円
4年目～6年目
UP
年間特許料
約3万円
7年目～9年目
UP
年間特許料
約9万円
10年目～
25年目

段階に応じて、
費用は
違ってきます

第4章

「実用新案、意匠、著作権、不正競争防止法について」の話

知財博士

Q73 実用新案って何のためにあるの？

質問！ 近所の家庭の主婦Ａさんから「家庭台所で使用する台所用品の『お玉』について改良したい。特許はとれないだろうが、実用新案はとれないだろうか」という問い合わせがありました。

この主婦は台所用品の使い勝手を良くすることが好きで、よく改良しているらしく、実用新案法について内容を知りたいとのことでした。

実用新案法とは、どのような法律ですか。
「お玉」のような台所用品の改良には、実用新案をとるのがよいと聞いています

主婦Ａさん

Answer **◎実用新案出願しますと、方式審査はありますが、実体審査がありません。通常、出願すれば実用新案が得られます。**

◎「お玉」のような台所用品の改良には、実用新案をとるのが良いでしょう。

◎「お玉」であっても画期的なアイデアであれば特許をとることができます。

知財博士

【弁理士よりワンポイント】

実用新案は、中小企業からの
小発明を保護します
実用新案を
とってみるか

実用新案法は、発明ほどには高度とはいえない小発明いわゆる「考案」を保護するために設けられています。とくに、中小企業からの小発明を保護するために設けられています。おおいに活用できる制度です。

実用新案による保護の対象は、「物品の形状」「物品の構造」「物品の組み合わせ」に限定されます。改良したときに活用しましょう。

実用新案をとるには、特許庁に、「願書」「明細書」「図面」「請求の範囲」「要約書」を提出します。「図面」は必ず提出しなければなりません。

実用新案登録出願に対しては、 実体審査がありませんので、審査請求がありません。従って、審査請求料の納付は必要ありません。

方式審査をパスしますと登録実用新案公報に掲載されます。この掲載までの期間は通常４～６カ月です。

登録料は、出願と同時に納付することになっており、実用新案権は出願日から10年間にわたって存続します。

特許出願を実用新案登録出願に変更することができます。

Q74 実用新案は特許より有効って、本当？

質問！

二輪車部品メーカーの社長さんから、「同業の社長さんから特許をとるよりも実用新案をとった方がビジネスに役立つといわれたが、どうして特許よりも実用新案が役立つのか」との問い合わせがありました。

この社長さんは、今までに特許は何件か取得したことはあるが、実用新案を初めから念頭になかったとのことでした。

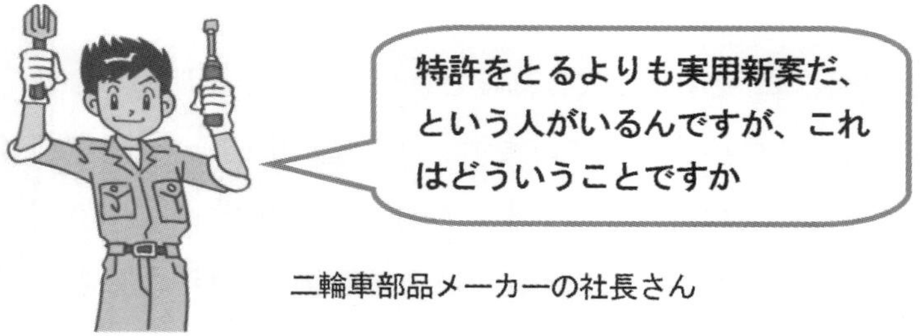
特許をとるよりも実用新案だ、という人がいるんですが、これはどういうことですか

二輪車部品メーカーの社長さん

Answer

◎実用新案は、無審査ですので、

◆出願から短期間で登録される

◆広い請求項で登録される

◆費用が安い

◆明細書・図面作成が手軽である

◆権利として認められる

という特徴を有しています。活用の仕方を工夫すると利用しやすいといえます。

知財博士

【弁理士よりワンポイント】

実用新案は、知財博士が示しますように、多くの特徴を有しております。ただ、権利として活用するには大きな制限があります。

実用新案は、

◆自己技術に知財が確保されていることをPR

する場合に大きな力を発揮します。

ビジネス上、自己技術に知財が確保されていることをPRすることが大切な場合には、実用新案が多いに役立ちます。ただ反対に、侵害警告が来たような場合には実用新案が無審査で登録になっていることに注意致しましょう。実用新案権者は、実用新案技術評価書を提示して警告しなければ、権利を行使することができないことになっています。

実用新案の登録公報に記載されていた事項を実施しているということでローヤルティ請求された社長さんがおられました。

特許の場合に比して、権利活用には難しさがあります。

実用新案をとるか、特許をとるかはアイデアの内容にもよりますが、会社の活用方針によって定まるものと思います。

Q75 製造方法に特徴があるのだが、実用新案になる？

質問！

ガラス製品加工メーカーの社長さんから、「開発したガラス加工品について、工夫して案出したアイデアが、方法で小発明であるので実用新案の対象にならないと思われる。だが、営業上のこともある何とか実用新案をとりたい」との話があった。

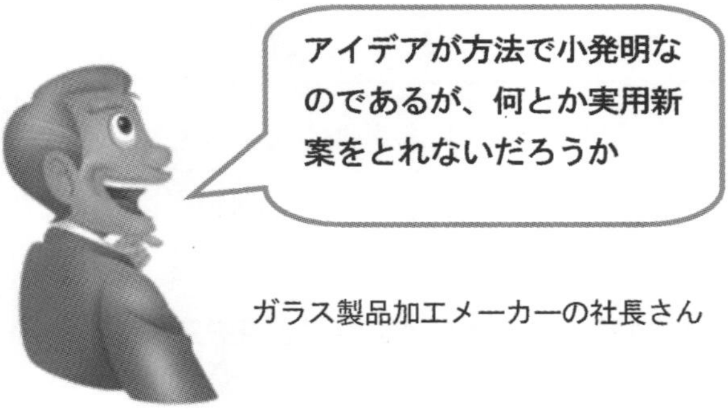

アイデアが方法で小発明なのであるが、何とか実用新案をとれないだろうか

ガラス製品加工メーカーの社長さん

Answer

◎方法の発明については、実用新案はとれません。

◎アイデアが方法であっても、その方法を適用したガラス加工品の形状、構造あるいは組み合わせに特徴はないか検討してみてはどうでしょうか。

◎従来品と同じように見えても、詳細検討すれば差異が見つかるものです。

知財博士

【弁理士よりワンポイント】

方法は、
実用新案に
ならないのか
よかった。
実用新案をとろう
形状に特徴が
ありましたね

アイデアの本質が方法の改善にあった場合においても、方法適用の結果は形状になって現れてくることがよくあります。

アイデアが方法にあるので実用新案はとれないとあきらめてしまうのではなく、方法を適用した結果であります物品、本例の場合はガラス加工品の形状に注目し、その形状にしたことによるよさ、すなわちメリットを見付けてみましょう。例えば、原価低減が図れるというよさはないでしょうか。

ガラス加工品の構造、組み合わせについても検討してみましょう。あらかじめ想定した形状を、新規な方法のアイデアの適用によって実現することがよく行われます。形状の特徴点を新規な方法を適用してガラス加工品を作り出したようなときには、実用新案は成立します。

実用新案登録証を職場に掲示して、実用新案取得の重要性を社内ＰＲしてみましょう。

Q76 顧客が実用新案ぐらいとっておいたら、というのだが、取得できる？

質問！

二輪車部品メーカー精密板金会社の社長さんから、「顧客に提案を求められていた姿勢保持装置のアイデアを提出したところ、模倣されやすい構造なので、実用新案ぐらいとっておいた方が良い、といわれた。そんなわけで実用新案をとりたい」との相談がありました。「製品に対し、引き合いが東南アジア諸国から何件かきているので、できれば東南アジアにおいても権利を確保しておきたい」とのことでした。

顧客から実用新案ぐらいとっておいた方が良いといわれた。実用新案をとりたい。
東南アジアでの模倣を防止したいと思っている
二輪車部品メーカー精密板金会社の社長さん

Answer

◎実用新案をとることが、顧客の製品をも保護することになります。実用新案をとりましょう。

◎顧客の製品の製造方法に影響を与えることが考えられますので、顧客と共に、製品の形態について共同で特許あるいは実用新案をとることも考えてみましょう。

◎東南アジア諸国で特許あるいは実用新案をとって知財を保護することは今後のビジネス展開に大切になります。

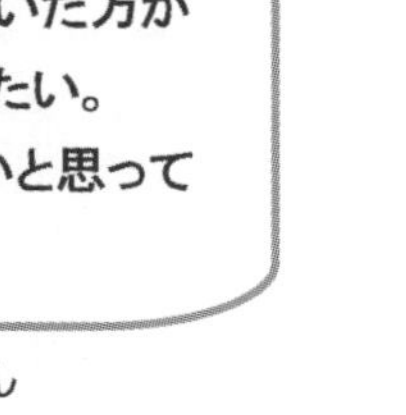
知財博士

【弁理士よりワンポイント】

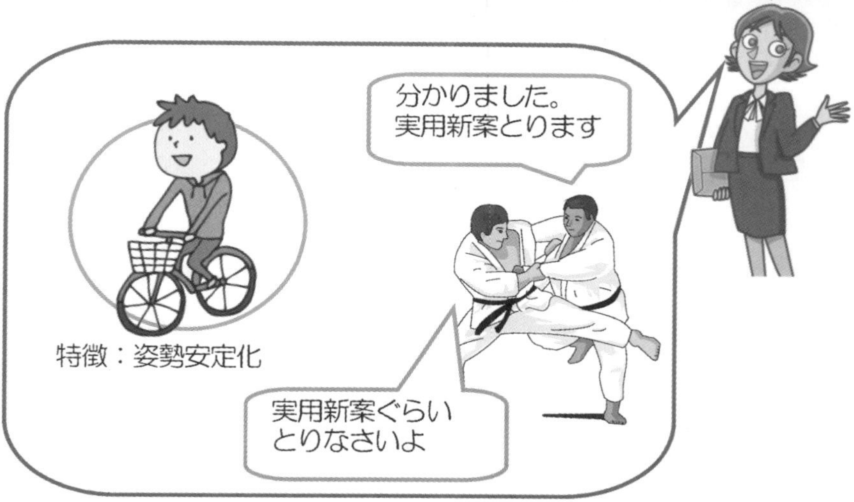
分かりました。
実用新案とります
特徴：姿勢安定化
実用新案ぐらい
とりなさいよ

ビジネスを遂行するに当って、実用新案を含めた知財の活用は、ますます必要となっています。知財を活用できる企業と活用できない企業では、大きな格差となって現れてまいります。

本件の場合、顧客は東南アジアにおける生産を視野に入れ、東南アジア諸国を含めて実用新案などの知財を確保しておいて欲しいと要望しているものと思われます。装置メーカーが実用新案のような知財を確保することが、製造メーカーである顧客の製品をもカバーすることになります。二人三脚によって事業を発展させましょう。

東南アジア諸国にあっても知財の保護に力を入れていますので、実用新案を確保しておくことは、これらの諸国で行政庁あるいは訴訟上の保護を求められたときに大きな役割を果たすことでしょう。何の知財も確保していなければ、「我社が開発した技術」と主張しても公開になった既存技術を採用しているにすぎないとして反論される恐れがあります。

Q77 実用新案をたくさんとって集合化してみたい！

質問！

工業用品メーカーの社長さんから、「取り扱い商品の内の一つの工業用品について、小さな改良をたくさんした結果良い製品になり、新製品として発表を予定している。新製品は会社の主力製品の一つとなりそうなので、実用新案をたくさんとって集合化してみたいが意味があるだろうか」という問い合わせがありました。

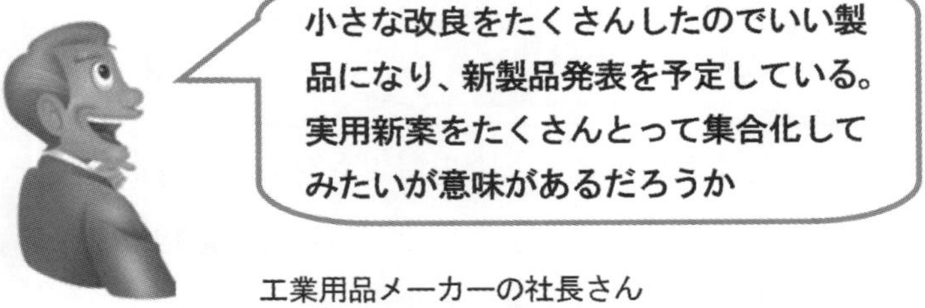

> 小さな改良をたくさんしたのでいい製品になり、新製品発表を予定している。実用新案をたくさんとって集合化してみたいが意味があるだろうか

工業用品メーカーの社長さん

Answer

◎**資産の拡大、知財の保護の観点から大きな意味があります。**また、従業員にとっても、実用新案に自己の名が載ることによって大きな生きがいを感じ、次のステップの動機づけとなることでしょう。

◎模倣防止に大きな力を発揮することでしょう。

◎この製品について取得した実用新案を明示した実用新案取得パンフレットを作成してみてはどうでしょうか。

知財博士

【弁理士よりワンポイント】

実用新案パンフレットを作ってみました
実用新案
実用新案
改良された工具

◆資産の拡大、知財の保護

実用新案の取得は会社の資産を拡大します。

実用新案を取得し、集合化することは知財の保護を確実にします。

◆動機づけ

考案者として名を連ねた従業員に大きな生きがいを与え、次のステップの動機づけとなります。職務発明であれば補償・報奨をしましょう。

◆模倣防止

実用新案が集合化して取得されることで、他者に模倣をさせない効果があることでしょう。

◆実用新案集パンフレットの作成

実用新案集パンフレットの作成を可能にして、この実用新案集パンフレットは企業の技術力及び製品の良さを大いにPRすることでしょう。

◆安価

集合した実用新案をとるに要する費用は特許の場合に比べてはるかに安い費用で済むことでしょう。

Q78 実用新案を特許に変更が可能です！特許に変更して活用強化してみませんか

質問！

電子部品製造会社の社長さんから、「改良した電子部品について実用新案で出願してしまったが、営業上重要なアイデアであることを確認するにいたった。強い権利にしたいと思っているが、どうしたら良いか」という問い合わせがありました。

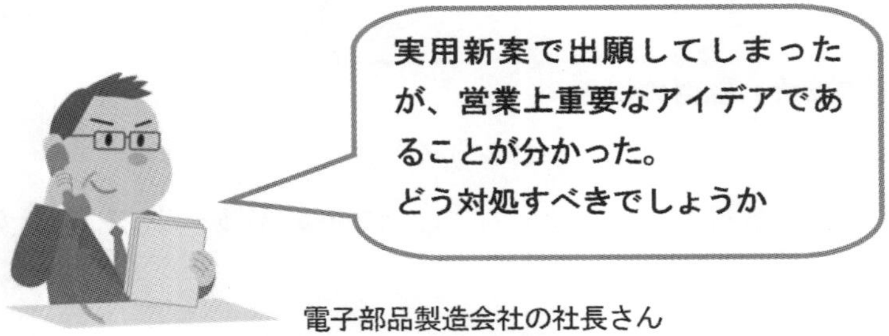

実用新案で出願してしまったが、営業上重要なアイデアであることが分かった。
どう対処すべきでしょうか

電子部品製造会社の社長さん

Answer

◎実用新案出願を特許出願に切り替えてみてはどうでしょうか。

◎実用新案出願が実用新案公報によって公開されていないとか、製品販売されたことによって公知になっていないならば、改めて特許出願として出願し直すことが考えられます。

◎意匠に特徴がないのでしょうか。意匠（デザイン）に特徴があります場合は、意匠登録しましょう。

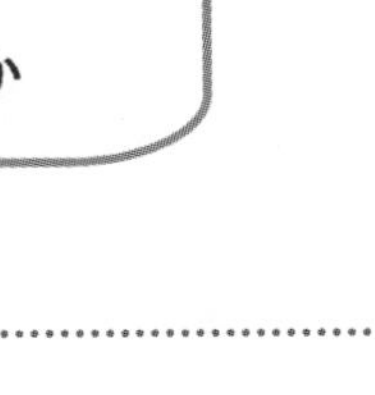

知財博士

【弁理士よりワンポイント】

◆実用新案出願から特許出願への切り替えを行う

実用新案出願を特許出願に変更することが可能です。これによって、特許出願がなされたことになります。

実用新案出願継続中の場合：出願日から３年以内であることを要します。

実用新案が登録され、権利発生している場合：その実用新案出願の日から３年を経過していることを要します。

特許出願に切り替えますと、実用新案出願はなくなり、また実用新案権は放棄することになります。

特許出願として十分な内容になっているかを検討してみましょう。

◆新規な特許出願を行う

実用新案公報あるいは製品販売で公知になっていなければ、新規な特許出願を行うことができます。

◆意匠出願

デザインに特徴があります場合には、意匠による保護も考えてみましょう。

Q79 受注量確保のために実用新案を活用できるって本当？

質問！

洗濯機部品メーカーの社長さんから「技術開発してきた新製品の洗濯機に、付属させる小型モータの試作品を、発注元のメーカーに納品し、受注拡大を期待して発注を待っていた。ところが、別の部品メーカーに安値で発注していたことが判明した。驚いて発注元メーカーに尋ねたところ、担当者から『御社から納品された小型モータの試作品と同様構想は、我社も以前から持っていた。別の部品メーカーも同様の提案をしてきており、安値であったので、そちらの部品メーカーに発注した』といわれてしまった」と相談がありました。「発注元のメーカーには多くの製品製造の発注を受けているので、強く主張できない立場にある」と嘆いています。

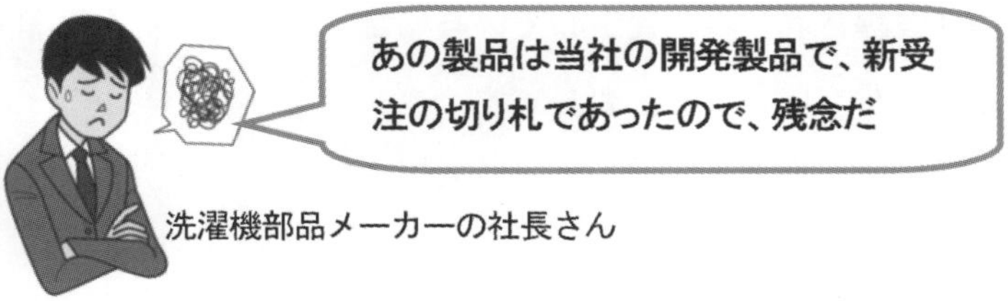
あの製品は当社の開発製品で、新受注の切り札であったので、残念だ
洗濯機部品メーカーの社長さん

Answer

◎新製品には特許出願を、特許出願が不可の場合には、せめて実用新案登録出願をして、**独創アイデアの提案元であることの証拠**としておきましょう。

知財博士

【弁理士よりワンポイント】

**実用新案・意匠は自己の独創による
アイデアであることを示すのに最適**

実用新案による保護の実例（調理器具お玉）

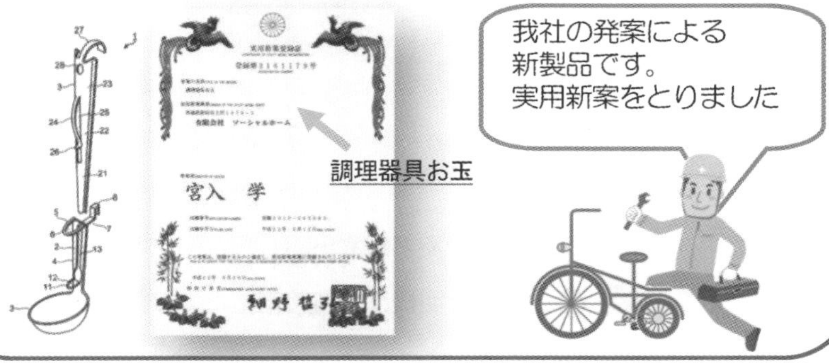
宮入 学
調理器具お玉
我社の発案による
新製品です。
実用新案をとりました

新製品を発注元メーカーに見せることは、知的財産を相手方に開示することであり、独自技術を相手方に見せたことになります。

経営者の方にとれば、独自技術は尊重されるべきもので、無断で他社に移転させられるべきものではない、と考えるでしょう。まさにその通りです。しかし、発注元メーカーに同じように認識してもらえるとは限りません。

新製品については、特許出願をしておくことが最上の策です。しかし、特許出願費用の負担などの問題で特許出願を行えない場合や、アイデアが実用新案的だと思われる場合には、実用新案登録出願をしておきましょう。実用新案は、出願の日から数カ月もすれば登録になります。実用新案登録番号を新製品開示のときに提供資料に記載しておくことをお勧めします。この記載によって独自技術の評価を受け、相手から尊重され、受注に役立つ確率が一段と向上するでしょう。

Q80 実用新案出願したので すぐにでも活用したい！

質問！　運動用品メーカーの社長さんから、「家庭用安全飛び箱についての実用新案出願が完了したら、明日にでも活用したい」との話がありました。

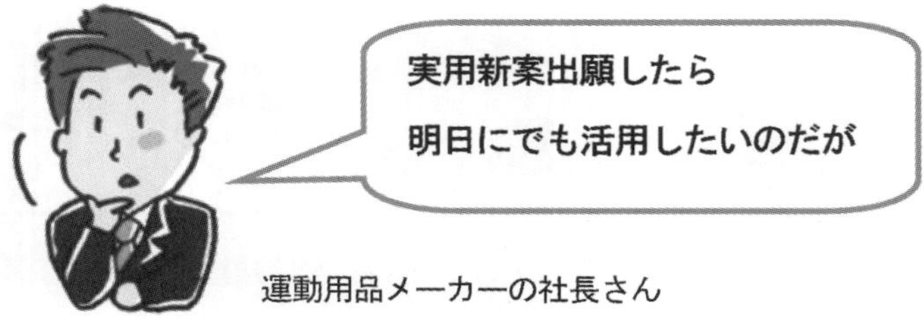
実用新案出願したら
明日にでも活用したいのだが
運動用品メーカーの社長さん

Answer　◎どのような活用を考えておられるでしょうか。**出願番号、出願内容を、パンフレットに掲載して公開し、製品PRとして活用することができます。**

パンフレット以外でも宣伝用の書類に掲載することができます。

◎実用新案権は発生していませんので権利行使による利用を行うことはできません。

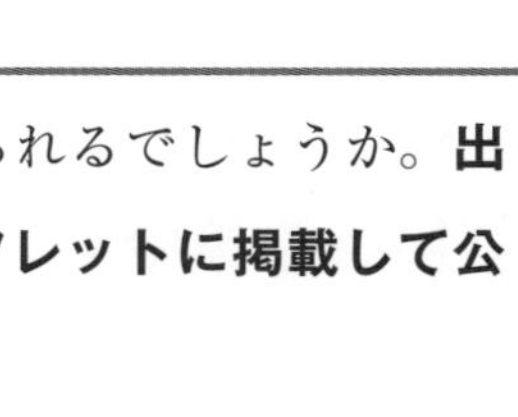
知財博士

【弁理士よりワンポイント】

新しい運動用具
売り出し中です！
SALE!
家庭用安全跳び箱

実用新案１件取得すれば、１件もない他社に対して、決定的な差を付けることになります。

実用新案出願が完了すれば、パンフレットその他の書類に出願番号、出願内容を掲載して製品を売り出しても、実用新案をとることについて障害になることはありません。

また、パンフレットなどに出願番号、出願内容を掲載して、ＰＲに用いることができます。

実用新案出願したからといって、実用新案出願の以前から他社から製品売り出し中の製品が実用新案出願と同一であるので、権利侵害になるような主張をすることはできません。

また､実用新案出願した段階では実用新案権は成立していませんので、権利行使による活用を行うことはできません。

Q81 実用新案の保護期間は？

質問！ 家庭用品メーカーの社長さんから、実用新案権の保護期間について問い合わせがありました。また、「実用新案権の保護期間は特許権の保護期間に比べて短いでしょうから、権利の活用期間として十分でないことはありますか」との質問がありました。

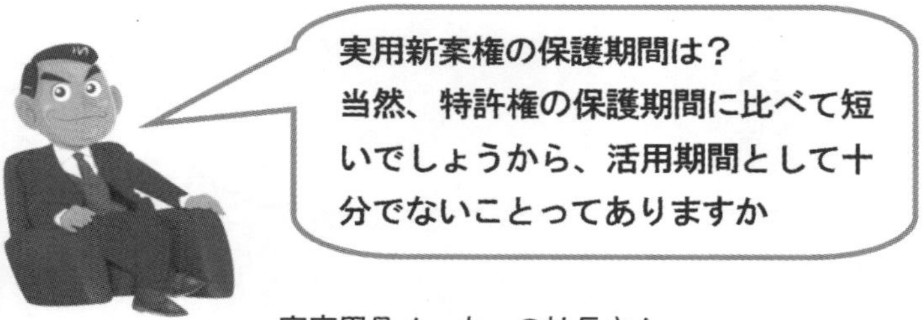

> 実用新案権の保護期間は？
> 当然、特許権の保護期間に比べて短いでしょうから、活用期間として十分でないことってありますか

家庭用品メーカーの社長さん

Answer ◎実用新案権の保護期間は、出願の日から10年です。

ちなみに、特許権の保護期間は、出願の日から20年です。意匠権の保護期間は、登録になった日から15年です。

◎実用新案権は、小発明が対象になりますので、次の改良に移行する期間をみてみますと、上述した保護期間保護されれば、活用期間としては十分のようです。

知財博士

【弁理士よりワンポイント】

図にありますように、

実用新案権の保護期間、すなわち存続期間は、

出願の日から10年間

特許権の保護期間は

出願の日から20年間

意匠権の保護期間は

登録の日から15年間

です。事前に権利存続のための料金を特許庁に納付しませんと、保護期間内であっても権利が消滅してしまいます。

実用新案は、物品の形状、構造又は組み合わせについて、小発明を対象にしていますから、改良点が、次の改良点に移るまで、上述の保護期間があれば十分に保持されるといえるでしょう。

Q82 意匠権保護拡大のために関連意匠をとるってどういうこと？

質問！

ヘアドライヤー製造メーカーの社長さんから、意匠保護拡大に有効な、関連意匠の登録について、問い合わせがありました。「どのような手続きを取れば、関連意匠として登録されるか知りたい」とのことでした。

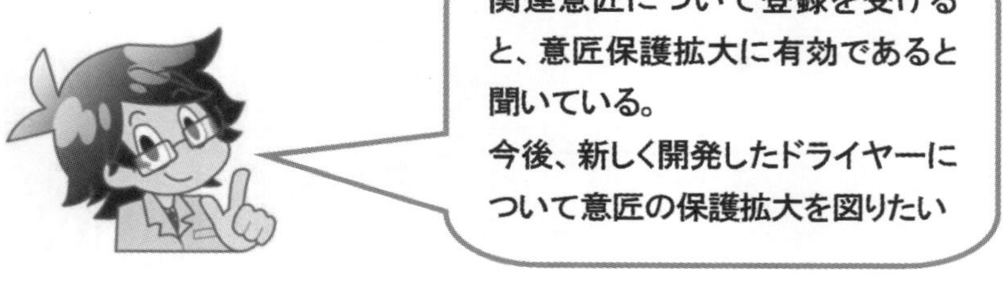
関連意匠について登録を受けると、意匠保護拡大に有効であると聞いている。
今後、新しく開発したドライヤーについて意匠の保護拡大を図りたい

ヘアドライヤー製造メーカーの社長さん

Answer

◎**意匠登録は新しいデザインに対してなされます。**

◎**関連意匠**制度を利用して、関連意匠登録出願を行うことができます。

◎本意匠の公報が発行される前に出願した場合に限って登録になりますので、注意が必要です。

知財博士

【弁理士よりワンポイント】

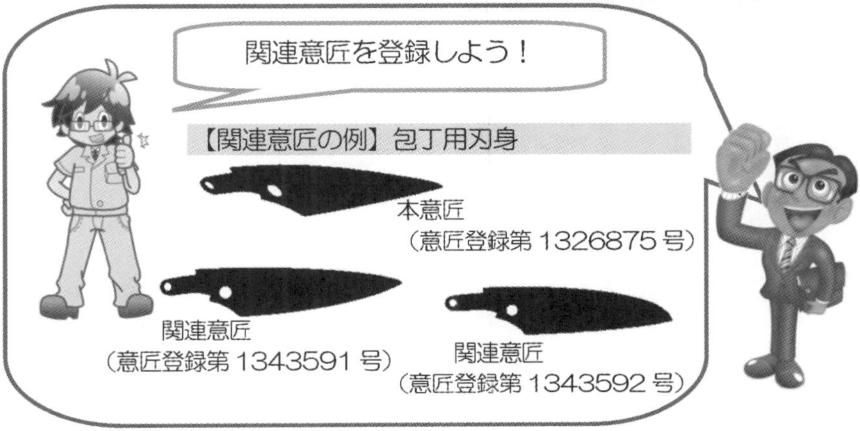
関連意匠を登録しよう！
【関連意匠の例】包丁用刃身
本意匠
（意匠登録第 1326875 号）
関連意匠
（意匠登録第 1343591 号）
関連意匠
（意匠登録第 1343592 号）

一つのデザインを思いつきますと、これに関連していくつものデザインを連想することになります。本意匠に類似する場合に限って、連想されたデザインについても関連意匠として登録され、登録された意匠に類似する意匠まで意匠権が及びますので、意匠権保護拡大となります。

類似する多数のデザインを一出願することはできません。別々に出願することが求められます。この場合に重要なことは、関連意匠は、本意匠の公報が発行される前に出願しなくてはならないということです。「後日関連したデザインを創作し、意匠公報が出た後に出願した」のでは手遅れでして、登録されません。

一つの意匠を創作したら、これに類似すると思われる意匠がたくさん創作されるのが通例です。それらの意匠について、さらには、他人が多少変更してまねると思われる意匠を連想して、これらの意匠をすべて意匠公報発行前に出願することです。関連出願は急ぎます。くれぐれも急いで出願することが大切です。

Q83 デザインの部分・部分を保護することはできないの？

質問！

扇風機製造メーカーの社長さんから「手持ち扇風機のガードについて新しいデザインを開発し、ユニークな形状にした」との話がありました。社長さんの話によれば「意匠権は、物品『合体』のデザインを権利の対象にしているので、『ガード』部分が異なるといっても、全体的に見て類似していなければ、意匠権の侵害とはならない。そのため、意匠登録するかどうか迷っている」とのことです。

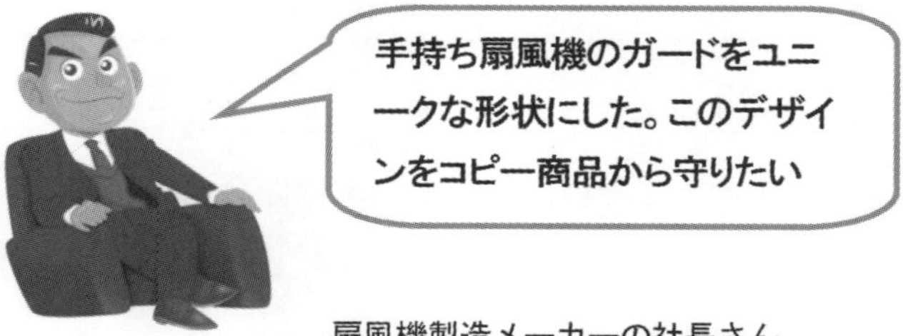
手持ち扇風機のガードをユニークな形状にした。このデザインをコピー商品から守りたい

扇風機製造メーカーの社長さん

Answer

◎部分意匠制度を利用してはいかがでしょうか。

◎部分意匠の意匠登録を受けましょう。

◎例えば、扇風機の「ガード」などのデザインを、部分意匠で保護してはどうでしょうか。

知財博士

【弁理士よりワンポイント】

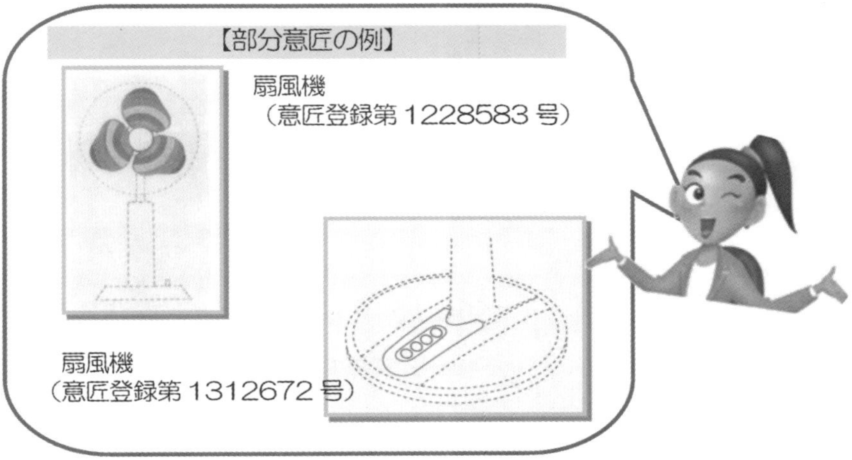
【部分意匠の例】
扇風機
（意匠登録第 1228583 号）
扇風機
（意匠登録第 1312672 号）

扇風機のような物品のデザインは、意匠権によって保護を受けることができます。意匠権を持っておりますと、コピー商品の製造を止めさせることができます。

手持ち扇風機の「ガード」のデザインを変更したような場合、一般的な全体の意匠についての意匠権を取得したのでは、コピー商品を排除できないことも考えられます。

このような場合、部分意匠制度を利用して、部分意匠の意匠権を取得することをお勧め致します。部分意匠制度によれば、特徴的な部分ごとに保護を受けることができますので、ユニーク形状の「ガード」について意匠権を取得できます。

全体意匠が相違しているにしても、「ガード」部分のデザインが同様でありますと、意匠権の権利範囲に入るものとして、ガードが類似するコピー商品を排除できることになります。

Q84 意匠で保護するのか、商標で保護するのか

質問！

旅館の経営者Ａさんから「ロゴマークを作った。ロゴマークは意匠で保護するのか、商標で保護するのか」という問い合わせがありました。

このロゴマークは意匠で保護するのか
それとも、商標で保護するのか

旅館の経営者Ａさん

Answer

◎商標で保護することになります。

◎サービスマークとして商標登録します。

◎旅館のタオルなどに使用する場合には、**意匠登録**されます。

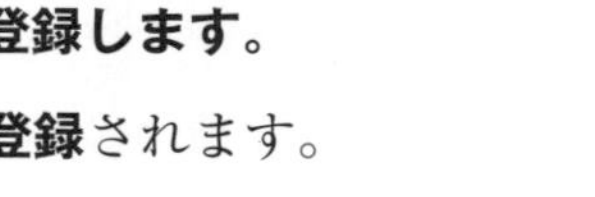

知財博士

【弁理士よりワンポイント】

【意匠登録例】

タオル

（意匠登録第 1307621 号）

旅館で使用する、旅館を示すマークですので、商標で保護することになります。意匠登録でも保護されます。

サービスマークとしての商標登録の対象にもなります。

旅館で使用するタオルなどのデザインですと、意匠登録になります。

目的、用途によって適用法律が異なってきます。サービスマークは、サービス業に使用されるマークです。

なお、ロゴマークの表記方法に独創性がある場合には、著作物性が求められ、著作権として保護されることにもなります。例えば、「サザエさん」は著作物性が認められ、著作権として保護されています。

Q85 実用新案登録出願、意匠登録出願に要する費用と期間は？

質問！

工務店の社長さんから「工事現場で使用する工具を改良した。実用新案登録出願、あるいは意匠登録出願をしたいが、費用はいくら要するのだろうか。また、登録までどのくらいの期間を要するのだろうか」という問い合わせがありました。社長さんによれば、工具にチョットしたアイデアを加えたところ、大変使いやすくなって、現場の人たちの評判もいい、とのことでした。

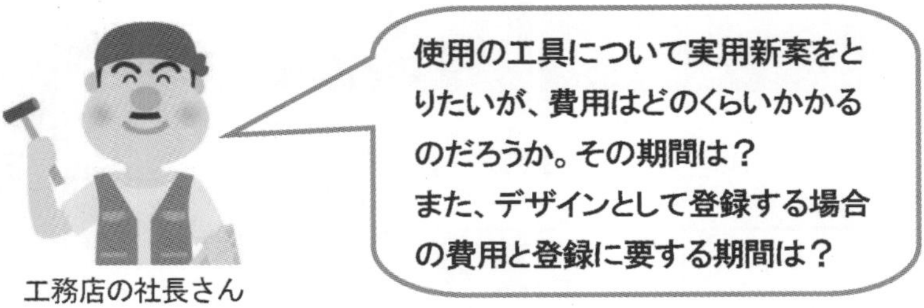
使用の工具について実用新案をとりたいが、費用はどのくらいかかるのだろうか。その期間は？
また、デザインとして登録する場合の費用と登録に要する期間は？
工務店の社長さん

Answer

◎一般に、**実用新案登録出願に要する費用は、15万～20万円内外のようです。**特許事務所によって差があります。よく聞いて見積りしてもらいましょう。

◎**意匠登録出願に要する費用は、一般的に15万～20万円内外のようです。**

◎登録に要する期間は一般的に6～12カ月程度のようです。

知財博士

【弁理士よりワンポイント】

◆手続きと費用　―実用新案出願―

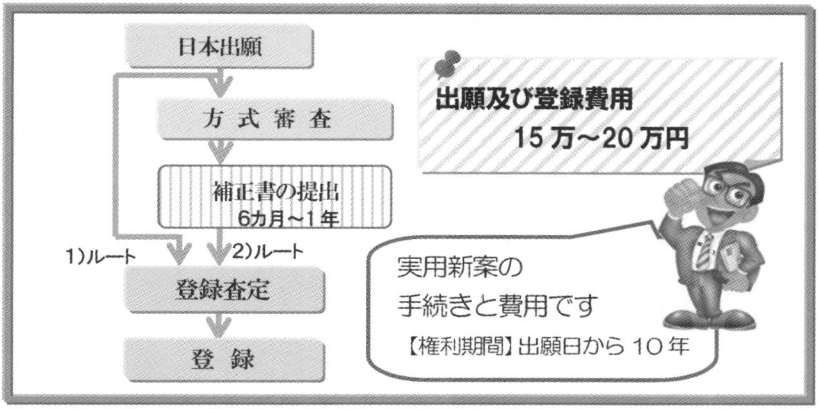
日本出願
方式審査
補正書の提出
6カ月～1年
1)ルート
2)ルート
登録査定
登録
出願及び登録費用
15万～20万円
実用新案の
手続きと費用です
【権利期間】出願日から10年

◆手続きと費用　―意匠出願―

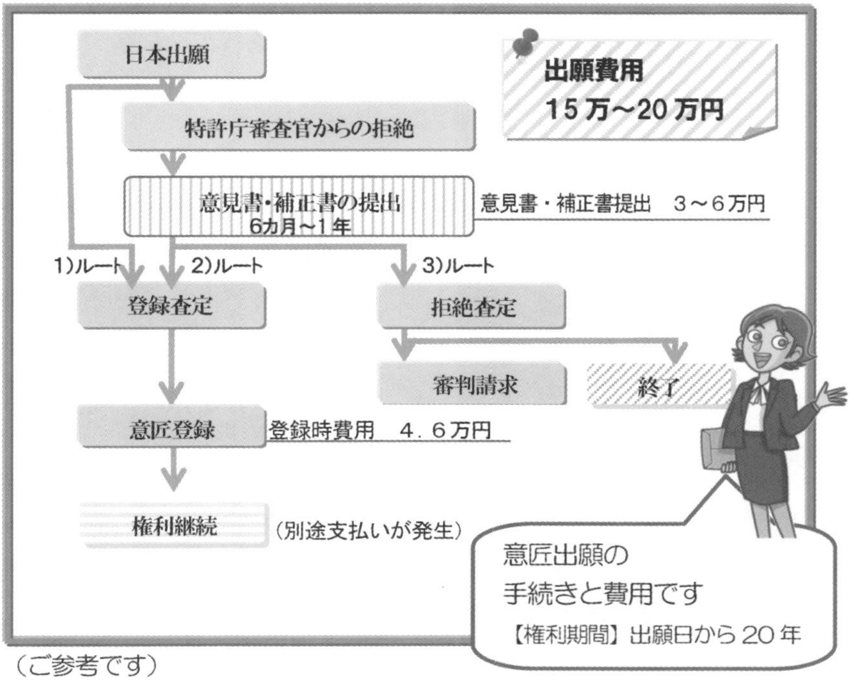
日本出願
特許庁審査官からの拒絶
意見書・補正書の提出
6カ月～1年
意見書・補正書提出　3～6万円
1)ルート
2)ルート
3)ルート
登録査定
拒絶査定
審判請求
終了
意匠登録
登録時費用　4．6万円
権利継続
（別途支払いが発生）
出願費用
15万～20万円
意匠出願の
手続きと費用です
【権利期間】出願日から20年

（ご参考です）

Q86 著作物って何？　著作権は会社のものなの？創作者のものなの？

質問！

情報システム開発会社の開発部長さんから「開発部長の職に就いたこの機会に、著作物と著作権についてもっと知っておきたい」との話がありました。

開発部長さんの話によれば「従来、会社のシステム開発は発注元の指示通りに行ってきていて、著作権の意識はなかった。だが、独自のシステムを開発し、使用許諾あるいは販売を行うとの社長方針があり、著作物と著作権の知識が求められるようになった」とのことです。

情報システム開発会社の開発部長さん

社長方針によって、独自のシステム開発を行うことになった。著作物と著作権について、もっと知っておきたい

Answer

◎例えば本書の場合、著者である筆者に著作権があります。創作によって著作物が生じ、同時に**著作権が発生**します。

◎システムに携わる皆様にとっては、**プログラムが著作物・著作権と認められることが重要です。**

◎工業用の設計図、フローチャートには著作権がないとした裁判判決があります。建築物の設計図には著作権があります。

知財博士

【弁理士よりワンポイント】

こまるなあ、私の
方に著作権がある
るのに
開発費を出した当
方に、プログラムは
帰属するはずよ
外部プログラマー

このような話があります。

農作物加工会社の社長さんが、会社のロゴマークをデザイン制作者に制作を依頼し、できあがったロゴマークについて自社名義で商標登録しました。この登録商標を用いて商売にはげみ、軌道にのったころ、デザイン制作者から使用料の請求を受けることになりました。この社長さんに話を聞いてみたところ、デザイン制作のための契約を締結したが、製作されたロゴマークである著作物の帰属については、当然自己のものになるとして契約には入れなかったとのことです。このような場合の著作権は、デザイン制作者に発生します。ですから、デザイン制作依頼をして金を支払うときに、ロゴマークの著作権がどちらに帰属するのかを、デザイン制作依頼時に明確にしておくのが良いでしょう。

著作権は、創作によって著作物が生じると同時に発生し、登録などの手続は必要ありません。

職務発明であっても、特許を受ける権利は発明者に発生しますが、職務著作（いわゆる法人著作）は、要件を満たせば、会社（法人）に著作権が発生します。

Q87 ソフトウェア開発上の問題って何？

質問！

情報システム開発会社の開発部長さんから「ソフトウェア・ビジネスとしては、権利をめぐって争いが発生する前に、権利関係の整備と自らの権利を保持するための作業に着手したい」と、ソフトウェア開発上の法的問題と対処法について問い合わせがありました。権利関係を明確にし、ソフトウェア・ビジネスを円滑に遂行したいそうです。

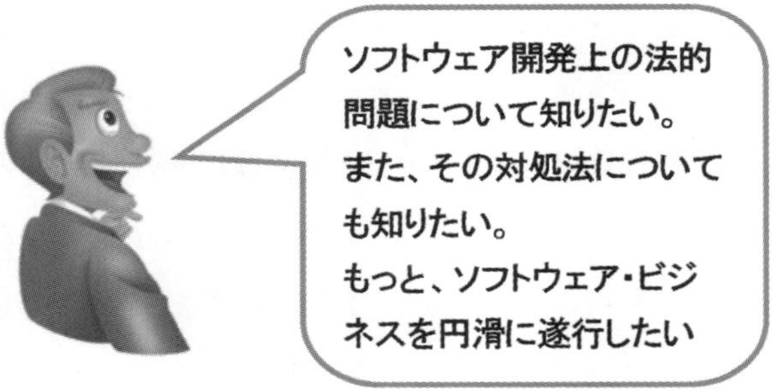

> ソフトウェア開発上の法的問題について知りたい。
> また、その対処法についても知りたい。
> もっと、ソフトウェア・ビジネスを円滑に遂行したい

情報システム開発会社の開発部長さん

Answer

◎権利の帰属➡**著作権は誰のものか、及び他社のソフトウェアをどこまで参考にしてよいか**、の二点をよく知っておくべきでしょう。

知財博士

【弁理士よりワンポイント】

プログラム制作を委託します。著者権は当方に帰属するものとしてください
OKです

著作権は著作者に帰属します。著作権には、著作人格権と財産権の二面性があります。

◎著作人格権 ➡ 権利が著作権の一身に専属して譲渡できない

◎財産的権利としての著作権 ➡ 譲渡することができる

◆「従業員の作成したプログラムの著作者は誰か？」

◎会社（法人）が著作者となる要件

【１】法人などの発意に基づいて作成されたこと

【２】法人などの業務に従事する者が作成したこと

【３】職務上作成したこと

【４】契約や勤務規則で別段の定めをしていないこと

◎プログラム作成を外注委託する場合

プログラム製作の外注委託に際し、「単に注文しただけ」「製作すべきプログラムの基本的仕様を提供しただけ」では、注文者はコンピュータ・プログラムの著作者にならないので、注意が必要です。発注に際して著作物の帰属について取り決めておくことが求められます。

基本的仕様を示して、プログラム全体をソフトウェア・ハウスに帰属製作委託契約に当たっても、著作物帰属を明確にしておくことが求められます。

Q88 プログラム、データベースはどう保護されるの？

質問！

情報システム開発会社の開発部長さんから「『著作物と著作権』と共に、プログラム及びプログラムに関係するデータベースの保護についても知っておきたい」との話がありました。「我社では、プログラムの開発と共に、データベースに収める各種データについても作成しているため、データベースの保護についても知っておく必要がある」とのことでした。

プログラム、データベースとはどのように保護されますか

情報システム開発会社の開発部長さん

Answer

◎**プログラム及びデータベース**は、著作物として著作権で保護されます。

◎ソースプログラム及びオブジェクトプログラムのいずれも著作物・著作権として保護されます。

知財博士

【弁理士よりワンポイント】

この装置のプログラムは、著作物として著作権で保護されますよ
このプログラムを使用する装置が特許にならないか、検討してみよう

プログラムは、著作物として著作権で保護されます。

ただ、著作物を作成するために用いるプログラム言語、規約及び解法は、著作権として保護されることはありません。

著作物には、同一性保持権というものがあって、変更、切除その他の改変をすることは許されません。ただし、プログラム著作物の場合には、コンピュータにおいて利用し得るようにすること、より効果的に利用するようにするための必要な改変はしても良いことになっています。

プログラム著作物の複製物の所有者は、原則複製又は翻案をして良いことになっています。

データベースは、その情報の選択又は体系的な構成によって創作性を有する場合、著作物として保護されます。このように、「情報の選択」又は「情報の体系的構成」に創作性がありますと、著作物として保護されます。

コンピュータ検索のできない情報の集まりは、著作権法上はデータベースの著作物でないことになります。

Q89 プログラマーが転職するときの対応は？

質問！ 情報システム開発会社の開発部長さんから「プログラマーは転職する人が多い。自社ソフトウェア情報がプログラマーの転職に伴って流出していく恐れが多分にあり、転職するプログラマーへの正しい対応を考えている」との話がありました。プログラマーの転職に伴い、ソフトウェア情報が不法に流出することを防止するための規則を作りたいそうです。

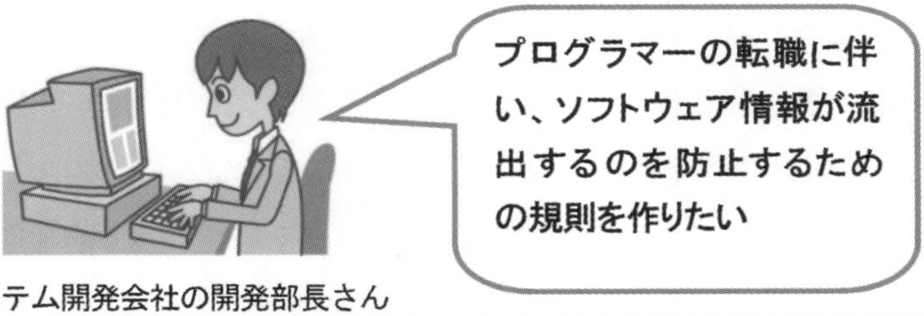
プログラマーの転職に伴い、ソフトウェア情報が流出するのを防止するための規則を作りたい

情報システム開発会社の開発部長さん

Answer

◎ソフトウェア情報の流出を、防御する手段をとることが求められます。

◎著作権侵害行為があった場合には、ただちに適切な措置をとりましょう。

◎職業選択の自由との関係で事前の準備が大切になります。

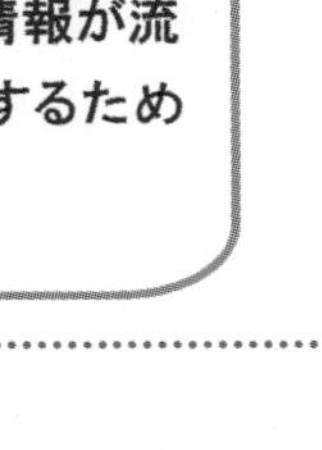

知財博士

【弁理士よりワンポイント】

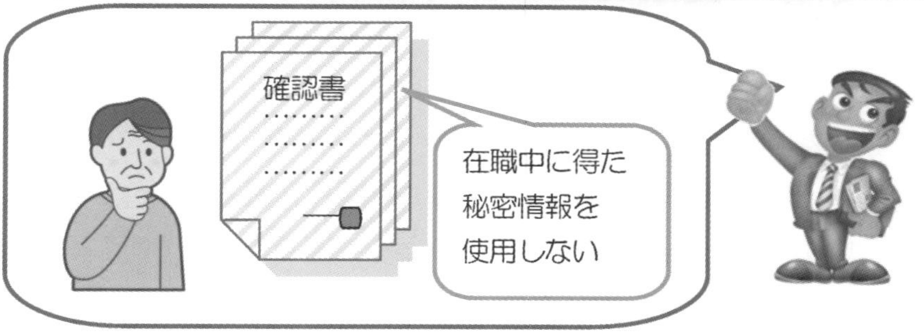

事件例を見てみましょう。

【新潟鉄工事件】　ソフトウェア技術者が、自ら会社を設立する目的で、会社のソフトウェア開発資料を持ち出した例〈業務横領罪で有罪〉

◆防御手段◆

【１】従業員が作成したプログラムは「法人著作」であり、会社が著作権を有することを明確にしておくことが大事です。従業員に「権利があると特約をした」と誤解されることはしないようにしましょう。

【２】従業員が開発に際して利用する資料・成果物については、公私をはっきりとし、会社の所有物であることを明白にしておきましょう。

【３】従業員で、とくに重要なプロジェクトに参加していた者が競合会社に就職する場合には、退職後に、在職中に得た秘密情報を使用しない旨の確認書をとりましょう。

以上の防御手段をとることが必要です。

中国に合弁会社を持つような場合には、上述した防御手段を講じておくことは必須です。さらに、【３】の秘密情報を使用しない旨の確認をすることでは足りません。秘密情報を使用した場合、損害賠償請求すること、その賠償金額についても明示しておくことが望ましいでしょう。

Q90 営業秘密を保護したい！

質問！ 大型小売店の店長Ａさんから「会社の営業秘密は、不正競争防止法という法律で保護されると聞いたことがある。そもそも不正競争防止法とはどのような法律であって、この法律で営業秘密が保護されるには、会社として何をすべきか」という問い合わせがありました。

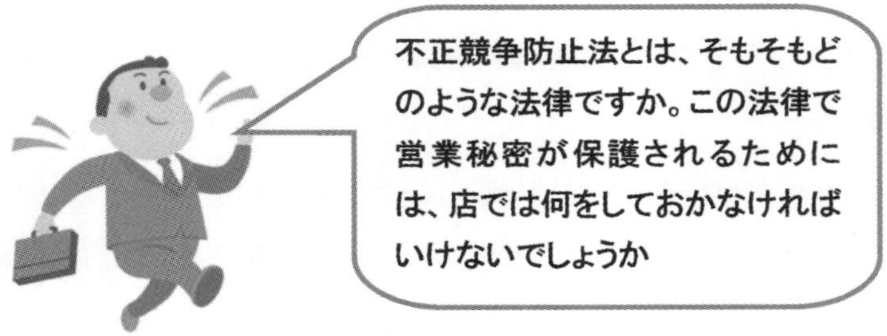
不正競争防止法とは、そもそもどのような法律ですか。この法律で営業秘密が保護されるためには、店では何をしておかなければいけないでしょうか

大型小売店の店長Ａさん

Answer ◎**不正競争防止法**は、不公正な手段によって行われる競業行為を排除し、公正な競業秩序を維持して、特定営業者の利益及び需要者一般の公益を保護しようとするものです。社外秘のハンを押しておけば済むというわけにはいきません。

知財博士

【弁理士よりワンポイント】

秘
お客様の名刺を厳重に
管理しなくちゃ！

不正競争防止法上、営業秘密とは、

【１】秘密として管理されていること

【２】生産方法、販売方法その他の事業活動に有用な技術上又は営業上の情報であること

【３】公然と知られていないものであること

をいいます。

【１】の秘密管理については、対象の情報にアクセスできる者を制限し、かつこの情報にアクセスした者に、それが秘密であると分かる程度に客観的に秘密の管理状態が維持されることが求められます。

【２】の有用な技術上又は営業上の情報とは、製品設計図、研究データ、顧客名簿、販売マニュアルです。

【３】の公然に知られていないものとは、特定の管理者以外では一般的に入手できない状態にあることを指します。とくに、この秘密管理の案件は重要です。日本の企業の多くで、この秘密管理の要件に対する対応が十分でないようです。

この店の店長さんが会社の営業秘密を管理するには、上述した三つの要件に対応した具体的な管理体制を整えることになります。

Q91 ノウハウとして保全はどうするのがベターなの？

質問！

鋳物メーカーの社長さんから「当社は、新技術については特許出願しないで、ノウハウとして保持する方針である。ノウハウはどう保全すれば良いのか」という問い合わせがありました。

社長によれば「開発には多大な投資をしているので新技術が生まれるが、新技術について特許をとるために公開することはせず、ノウハウとして社内保持する方針である」とのことでした。

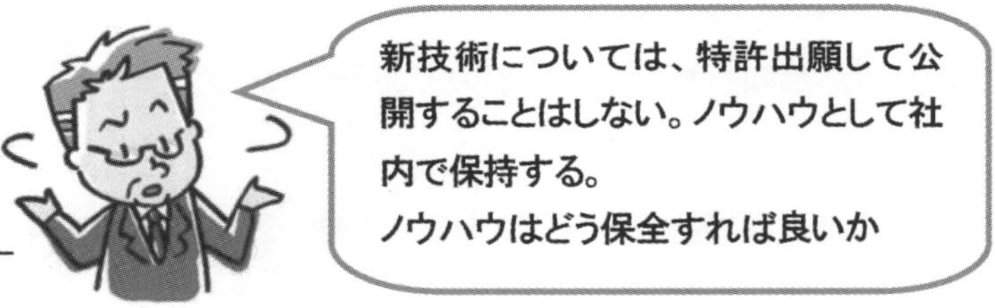

> 新技術については、特許出願して公開することはしない。ノウハウとして社内で保持する。
> ノウハウはどう保全すれば良いか

鋳物メーカーの社長さん

Answer

◎ノウハウとして社内保持する場合、しっかりと秘密保持管理をすることが大切です。

◎どのような技術がノウハウに該当するのか明確にしてありますか。
　ノウハウの内容を具体的に記述した保管方法を採用してみましょう。

知財博士

【弁理士よりワンポイント】

特許事務所
厳重に秘密保持管理しましょう
ノウハウを守るには、どうすればいいの？

◎秘密保持管理

秘密保持管理を徹底する必要があります。

◎ノウハウ内容の文書化

製作図面に記載された事項がすべてノウハウであるという管理ではなく、製作図面、その他の資料記載の技術のうち、どの部分がノウハウであるかを明示しておきましょう。特許明細書の書き方が参考になると思われます。

◎ノウハウとして社内保持

秘密保持管理規定を設け、秘密保持管理致しましょう。

公開になりますと、営業秘密としての価値がなくなります。

また、どのような技術がノウハウに該当するのか明確にして、文書にしておくことが大切です。

◎ノウハウの保全

文書によってノウハウ内容を明確にしておくことで、後日何らかの係争が生じた場合に、ノウハウ保全がしやすくなります。

文書にしたノウハウ集を公証役場でノウハウ集認証日を確定しておくことができます。

Q92 不実施補償って何なの？

質問！

紳士服製造メーカーの店長さんから「県の工業技術センターと共同して、特許出願及び意匠登録出願し、特許及び意匠がとれたので喜んでいた。ところが、しばらくして県の担当者から特許及び意匠についての不実施補償をしてもらいたいので、実施額を知らせてほしい旨の通知があった」と相談がありました。

社長さんの会社では自社生産のみで他社にライセンスを与えたわけでもないのに、なぜローヤリティらしきものを支払わなければならないのかと疑問を持っている、とのことでした。

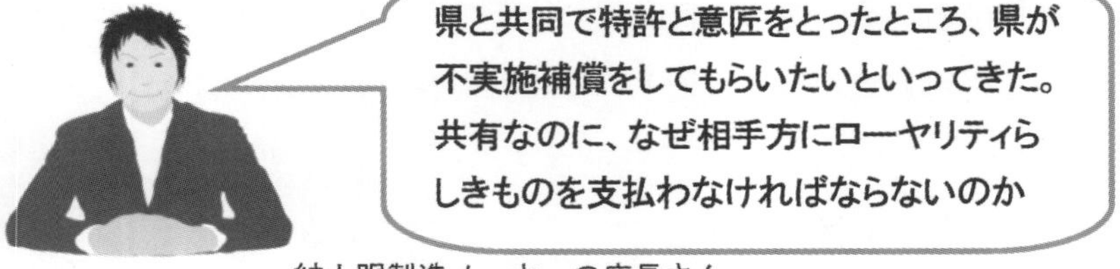

県と共同で特許と意匠をとったところ、県が不実施補償をしてもらいたいといってきた。共有なのに、なぜ相手方にローヤリティらしきものを支払わなければならないのか

紳士服製造メーカーの店長さん

Answer

◎県と締結した契約書に、不実施補償に該当する条項がないかチェックしてみて下さい。

◎不実施補償条項は、往々にして利益額に対してではなく、製造販売額に補償料率がかけられるようになっています。ですから、料率ばかりではなく、その対象についても十分注意致しましょう。利益がなくなってしまいます。

知財博士

【弁理士よりワンポイント】

県と共同で研究を行い、共同で特許あるいは意匠をとったときには、製造販売した実施額に対して、何％かの金額を支払うという契約条項があると思います。契約書を見直してみましょう。

県は製造メーカーではないので、特許、意匠の独占権によって何も利益を得ることはありません。

不実施補償とは、このように一方側が製造メーカーではない場合に、実施によって利益を得た製造メーカーから非製造メーカーに利益を補償するために、あらかじめ決められた料率の金額を支払うというものです。製造メーカーが、特許、意匠による独占権によって得た利益を分配しようというものです。

不実施補償条項を十分に注意しないで契約締結したために、かなり高い不実施補償額となってしまう場合があります。

自社実施ですので、不実施補償する確率が高くなります。支払い条件については、契約時に十分検討致しましょう。

Q93 顧客ノウハウが御社に開示されるにあたっての注意事項って？

質問！

パルプ製造メーカーの社長さんから「当社が製造販売した新製品は、顧客から開示されたノウハウを使用していて秘密保持契約違反であるので、製品を回収すると共に、損害賠償せよといわれて困っている」との話がありました。社長さんによれば「顧客開示のノウハウはいっさい用いずに、自己の図面に基づいて製造している。しかし、相手が顧客であるので困っている」とのことでした。

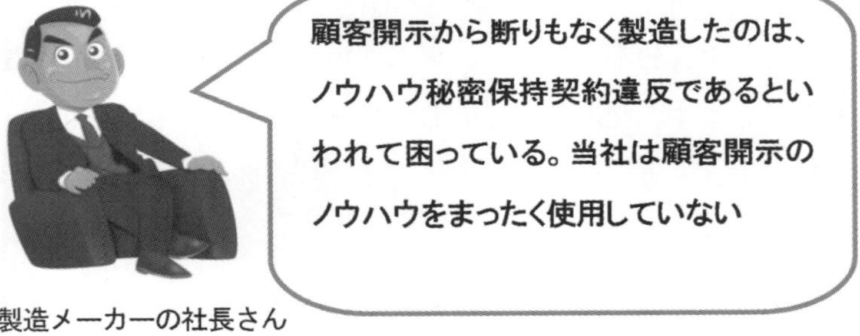
顧客開示から断りもなく製造したのは、ノウハウ秘密保持契約違反であるといわれて困っている。当社は顧客開示のノウハウをまったく使用していない
パルプ製造メーカーの社長さん

Answer

◎このようなトラブルの原因は、往々にして顧客と締結した契約にあります。

◎契約書をよくチェックし、何をノウハウとして認知しているのかを調べてみてください。

知財博士

【弁理士よりワンポイント】

契約時に契約条項の充分な検討を！
【弁理士】
【契約者】

顧客の仕様、あるいは要望を知りたいために、往々にして顧客開示の図面に記載された技術内容の一切合切を、顧客のノウハウであると認めて契約している例があります。

顧客から図面が提示されるときに、顧客のノウハウは具体的に何であるのかを確認しましょう。それと共に、自社の図面に記載された技術あるいは公知の技術については、ノウハウに該当しないことを確認しておくことが、後々のために大切です。

受注したいがために、あるいは相手が顧客であるということで、契約条項を十分に検討しないで、契約を締結してしまうことがないようにすることが大切です。また、知財の契約の内容のチェックには、十分に知識を持った弁理士、弁護士などの協力が必要となります。

本件の社長さんも、契約条項を見ての対策になるものと思われます。

★ 雑　談 ★

特許出願の動機について うかがいました No.5

新技術についての特許取得競争

中国企業に対抗して
開発技術はすべて
特許出願していこう

中国では特許出願（実用新案・意匠含む）が 100万件/年

中国特許対策

特許出願の動機について うかがいました No.6

補助金申請

特許出願完了
願います

補助金を受けられる

こんなときに特許の種が生まれる いや、すでに生まれている!! No.5

ニュービジネスを
考案したぞ
ピピッ～！
ビジネスモデルに
特許の種あり

ビジネスモデルの考案

こんなときに特許の種が生まれる いや、すでに生まれている!! No.6

むずかしいなぁ

これなら乗れる！

**先行する
他社製品から
⇩
新しいニーズ
を想定**

新しいニーズの発掘

第5章

「中国での知的財産対応について」の話

知財博士

Q94 中国で特許をとるのは難しいの？

質問！ 家電部品メーカーの社長さんから「家電部品を中国で生産するに際して、製品の主要部分については特許で押さえておきたい。中国で特許をとるのは難しいか」と問い合わせがありました。

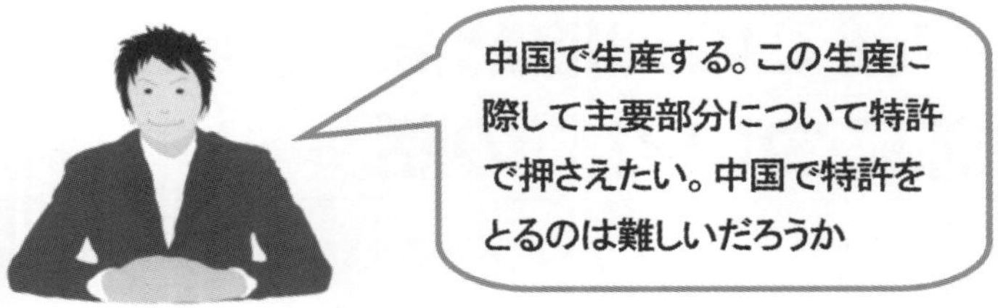

> 中国で生産する。この生産に際して主要部分について特許で押さえたい。中国で特許をとるのは難しいだろうか

家電部品メーカーの社長さん

Answer

◎難しくありません。

◎特許を取得するうえでの難しさが、日本以上であるということはありません。**日本での特許取得の経験を十分に活かすことができます。**

知財博士

【弁理士よりワンポイント】

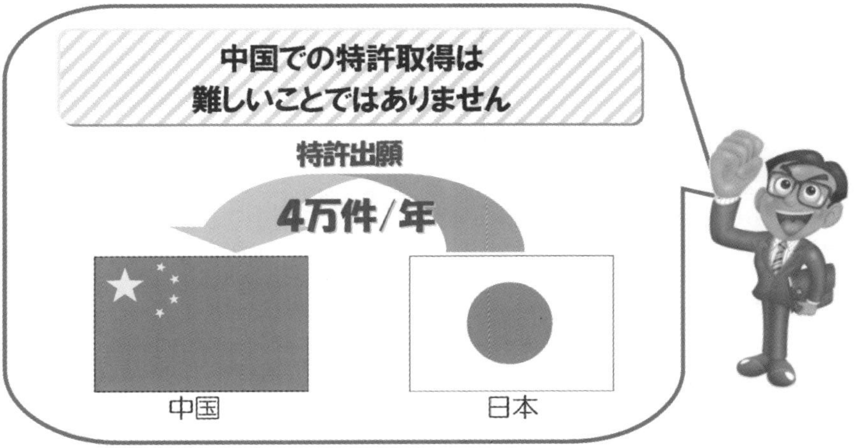
中国での特許取得は
難しいことではありません
特許出願
4万件/年
中国
日本

特許をとろうとしている製品が、日本国内ですでに販売されていることで公知になっているような場合には、中国において特許をとることはできません。また、新規性喪失の例外の取り扱い規定がありますが、刊行物に発表したときに、新規性喪失の例外の取り扱いがありません。

製品について日本で特許出願しているならば、日本特許出願の日から１年以内に優先権を主張して中国に出願し、特許をとることになります。

新製品であれば、新技術について直接中国に特許出願して特許をとることができますが、通常、まず日本国に出願をしておいて、優先権を主張して中国出願を行います。

特許を取得するうえでの難しさが、日本以上であることはありません。

中国における特許査定率をみてみますと、2009年度で中国の国内企業と個人からの出願に対しては86％に達し、外国企業からの出願に対しては80％となっています。

Q95 中国で特許をとろうとしたらどうしたらいいの？

質問！

農産品関連会社の常務さんから「開発した食品について中国で特許を取りたいが、どうしたら良いか」という問い合わせがありました。「きのこ栽培についての技術を中国の現地会社に移転して、きのこ栽培を中国で行い、中国国内で販売したい。それと共に、日本でも輸入・販売しようと考えている。そこで中国で特許をとりたいのだが、中国で特許をとったことがないので、方法が分からない」という相談内容でした。

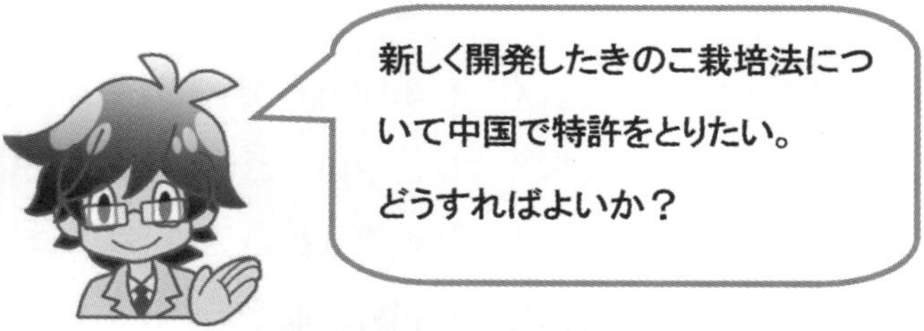
新しく開発したきのこ栽培法について中国で特許をとりたい。どうすればよいか？

農産品関連会社の常務さん

Answer

◎日本出願から１年以内に中国出願を行えば、優先権を主張した出願とすることができます。

◎通常、日本の特許事務所に依頼して中国出願を行うことになります。

日本の特許事務所は業務提携先の中国特許事務所に中国出願を依頼します。

◎費用の見積りを合わせて依頼しましょう。

知財博士

【弁理士よりワンポイント】

通常、次のようなルートになります。

まず、お客さんは、日本特許出願を日本の特許事務所に依頼します（日本特許出願）。

中国特許出願を希望されるお客さんは、日本の特許出願を担当した特許事務所に中国特許出願を依頼するのが普通です。

依頼された日本の特許事務所は、業務提携関係にある中国特許事務所に、中国特許出願を依頼します。中国特許事務所は、この依頼に基づきまして、中国特許出願を行います。

日本特許出願から中国特許出願まで１年以内ですと優先権主張した出願となります。ただし、中国語翻訳が必要になりますので、９カ月以内に中国特許出願を依頼しておくのが良いと思います。遅くなりますと、費用が割高になります。

Q96 中国では特許を扱う役所と商標を扱う役所が別って本当？

質問！

知財部の知財担当のＡさんから「中国では特許を扱う役所と商標を扱う役所とは別であると聞いた。これは本当か」という話がありました。「中国では特許を扱う特許事務所は、商標を扱うことはなく、商標は商標専門の商標事務所に出願を依頼するとも耳にした」と疑問を持っているようです。

知財部の知財担当Ａさん

中国では特許を扱う役所と商標を扱う役所とは別って本当？
特許事務所と商標事務所も、分かれているのか？

Answer

◎日本で商標出願する場合は、国家知識産権専利局（特許庁）に出願しますが、中国での商標出願は、国家工商行政管理局に行います。

◎以前は、商標出願は商標代理人によってのみ行われました。今では通常の特許事務所でも商標出願を扱っています。

知財博士

【弁理士よりワンポイント】

中国の知財制度は日本と違い、特許、実用新案、意匠は中国専利法によって規定されています。日本の特許法、実用新案法及び意匠法を束ねたような法律になっています。

中国では、特許を「発明専利」、実用新案を「実用新型専利」、意匠を「外観設計専利」と呼んでいます。中国で、特許といった場合に、これら三つを含んでいます。

日本の特許、実用新案、意匠、商標はいずれも出願数が頭打ちになっていますが、中国ではいずれも右肩上がりに増加を続けています。

中国では大学の特許出願件数も急増しています。

Q97 中国で商標をとるときの注意事項って何？

質問！

ファミレス・専門チェーンの社長さんから「中国で商標をとるときの注意事項って何？」という問い合わせがありました。

この社長さんによれば「中国でチェーン店を展開するにあたって、取り扱っている商品に付けた商標について、商標登録をしておくことを考えている」とのことでした。

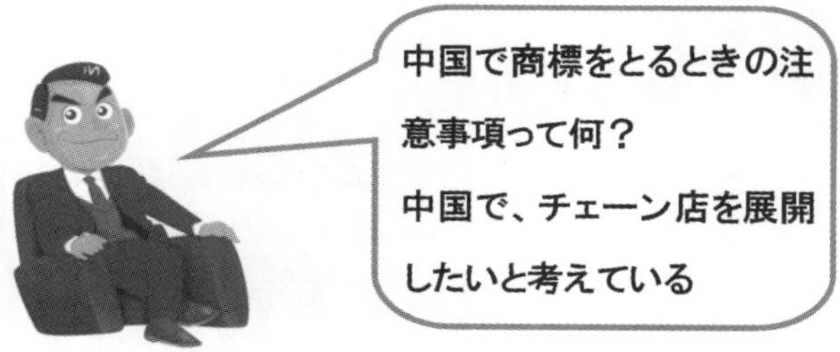

中国で商標をとるときの注意事項って何？
中国で、チェーン店を展開したいと考えている

ファミレス・専門チェーンの社長さん

Answer

【1】同文字異意味となる場合があります

【2】中国で使用する形態で商標をとって下さい

【3】一商標一区分制度です

知財博士

【弁理士よりワンポイント】

【１】同文字異意味となる場合があります

日本商標を中国商標として同一形態でそっくりそのまま商標をとりたい場合、中国側から見て、商標文言の意味するところを中国代理人にあらかじめ見てもらうことが大切です。

同文字異意味となる場合があります。

【２】中国で使用する形態で商標をとりましょう

中国の法律では登録商標の字体（書体）を変えてはならないことを規定しています。字体（書体）を変えると、登録商標の使用とはいえなくなります。

【３】一商標一区分制度です

一商標一区分の商標・役務（サービス）指定となります。

異なる区分についても商標をとりたい場合は別出願になります。

Q98 中国では一商標、商品・サービス一区分出願方式って本当？

質問！

カードリース会社の社長さんから「中国で事業展開するので商標登録しようとしたら、現地の代理人から『中国では一商標、商品・サービス一区分方式を採用している』との回答があった」との話がありました。

この社長さんは、サービス事業が多岐にわたる予定であるので「サービス事業のサービス区分ごとに出願するのは、費用がかかる」と心配していました。

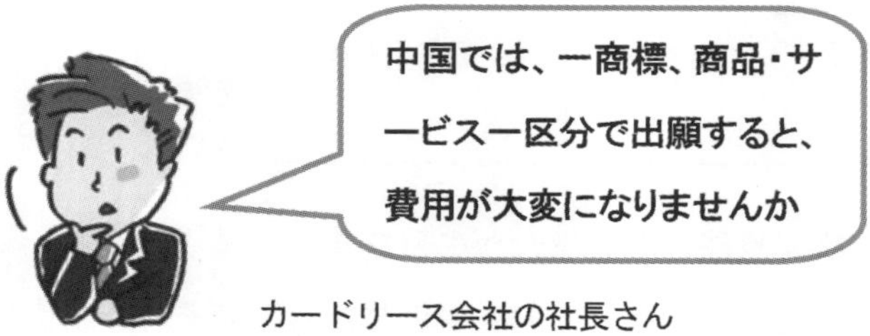
中国では、一商標、商品・サービス一区分で出願すると、費用が大変になりませんか

カードリース会社の社長さん

Answer

◎**中国では商標代理費用が一般的に安価です。**

◎中国では、一商標、商品・サービス一区分出願方式を採用しています。

◎商標では包括的表現は認められていません。

◎指定商品・サービスが10を超えますと、超えた数について追加料金の支払いが必要となります。

知財博士

【弁理士よりワンポイント】

中国では商標一区分

中国は商標出願で世界トップ。
年間 100 万件を超えます。

何区分と
なるかな？
製品
製品

商標は、国際的な区分によって出願され、登録されます。しかし、中国では、一出願に一区分のみの指定となります。

指定商品の包括的表現は認められていません。

日本では一つの商標出願で、多区分指定が認められています。一方、中国では一区分ずつです。一区分内の商品・サービスが10以上になりますと、追加料金の支払いが必要となります。

今後も商標出願が増加していくことが予想されています。

なお、中国では一商標一区分であることもあって、出願代理費用は安いものとなっております。

Q99 中国は知的財産も大国であるって本当？

質問！

エレクトロニクス専門商社の社長さんから「中国は知的財産も大国になっていると聞いた。中国の知的財産の状況はどうなっているのか」という問い合わせがありました。

社長さんによれば「中国が知的財産大国になって、多くの特許などが取得されたような場合を想定し、知財対策がどうあるべきかを考えておく必要性がある」とのことでした。

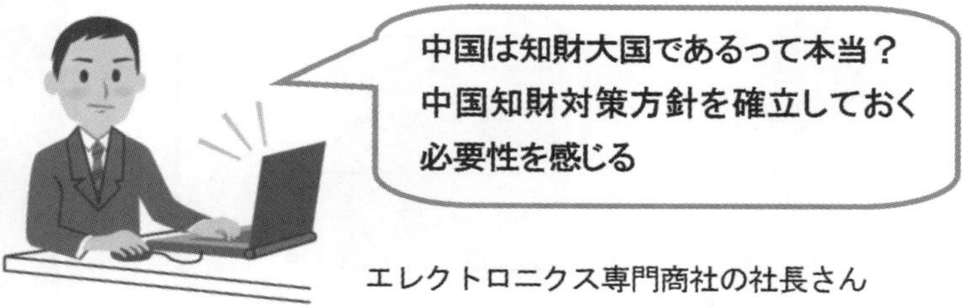

中国は知財大国であるって本当？
中国知財対策方針を確立しておく
必要性を感じる

エレクトロニクス専門商社の社長さん

Answer

◎大国です。**中国における特許出願件数は実用新案、意匠を含めて98万件／年**と報告されていて、知財出願の大国となっています。

◎**商標**は60万件／年といわれていたのが、今では**100万件／年を超える勢い**で増加しています。

◎まだ、中国から外国への知財出願が少ないのですが、今後急激に増えると予想されます。

知財博士

【弁理士よりワンポイント】

知財紛争も
被告から
原告に

中国特許裁判事情

◎「損害賠償額と賠償支払命令額」の事例
（表）中国特許裁判事例

No.	原告	被告	訴訟概要	判決内容
1	正泰ｸﾞﾙｰﾌﾟ	シュナイダー（仏国企業）	小型遮断器の実用新案権侵害	約50億円の損害賠償、最終的に約20億円で和解
2	武漢晶源	富士水工業（日本企業）	海水煙気脱硫方法の特許権侵害	第2の被告（華陽電業）と双方で約7.8億円の賠償
3	華立	サムソン（韓国企業）	携帯電話の特許権侵害	約6.8億円（5千万元）の賠償命令
4	浙江藍野酒業	ペプシコーラ（米国企業）	商標権侵害	約4,000万円（300万元）の賠償命令

ただし、原告：中国企業　　被告：外国企業

中国では、確かに違法な技術流出やノウハウの盗用事件があり、模倣品・海賊版問題も深刻です。

しかし、そうした物まねとは無関係の企業が多くなってきています。このような企業は、研究開発に多額の費用をつぎ込んでいます。大学からの出願も増えています。

中国政府は、PCT出願増加策を取り、PCT出願する企業及び取り扱い特許事務所の援助をしています。

おそらく、中国特許対策をしなければならない日が、迫っていることでしょう。

Q100 中国に特許出願するとき、中国で翻訳する方が安くなるって本当？

質問！

メカトロニクス会社の社長さんから「中国出願をかなりしている。出願費用はそれほどかからないが、翻訳代が出願費用以上にかかって大変である」と相談されました。

社長さんは「中国出願に際して、これまでは日本で翻訳していた。だが、中国で翻訳した方が安くあがると聞いた。翻訳上の問題はないのだろうか」と話していますが、本当でしょうか。

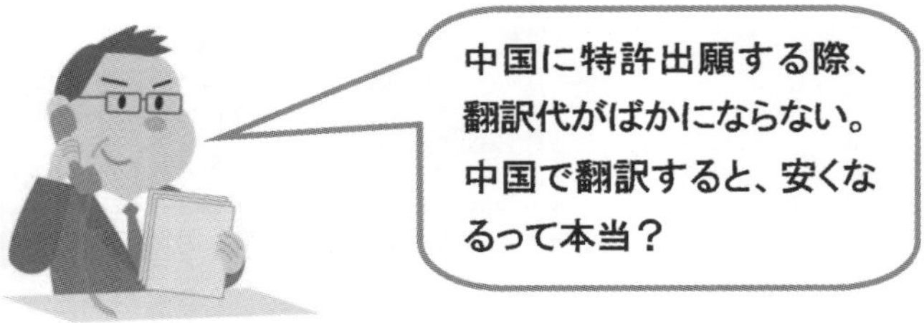
中国に特許出願する際、
翻訳代がばかにならない。
中国で翻訳すると、安くなるって本当？

メカトロニクス会社の社長さん

Answer

◎一般的に日本で翻訳するよりも安くなるようです。

◎翻訳の内容は十分にチェックする体制が必要になるでしょう。

知財博士

【弁理士よりワンポイント】

日本文の表現は
あいまいで
困るわぁ
中国人翻訳者
翻訳料は日本で翻訳するより安い
問題は質の確保だ

中国では日本語がよく使われています。また、日本から中国への技術移転に伴って、技術用語も中国へ移転されました。中国には、日本の大学を出たエンジニアも多く、日本語から中国語に翻訳する料金と、英語から中国語に翻訳する料金に大差がないといわれています。

日本から中国への特許出願は、他の国に比べて多いこともあって、翻訳人材の絶対数が足りない現状にあるようです。このために、権利範囲が狭くなったり、ひどいときにはまったく別の特許になってしまったケースが報告されていています。質の良い翻訳をする人材を擁する特許事務所に、依頼することが大切になります。

日本で中国語に翻訳する場合もありますが､最終的には中国人翻訳者・中国代理人によるチェックを受けると良いようです。

Q101 中国語に翻訳したときに、どのような誤訳があるの？

質問！

ガラス加工メーカーの社長さんから「中国に特許出願した際に、どのような誤訳が起こりやすいのか」という問い合わせがありました。

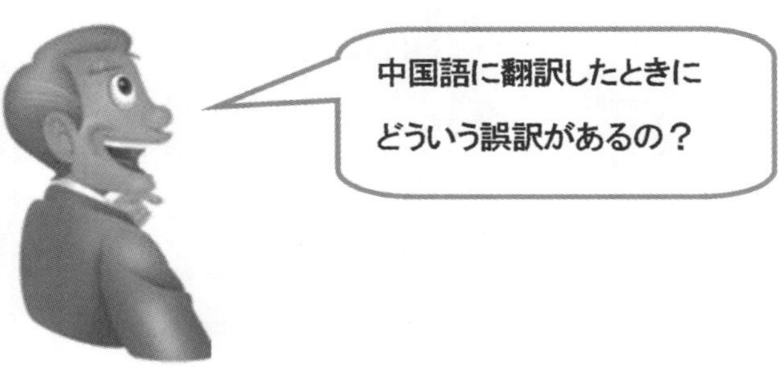
中国語に翻訳したときに
どういう誤訳があるの？

ガラス加工メーカーの社長さん

Answer

◎漢字には、もともと中国から伝わった漢字もあれば、日本人が新たに作り出した漢字もあります。

◎中国製漢字と和製漢字を区別して、それぞれの語構成や意味を理解していないと、誤訳が生じやすいようです。

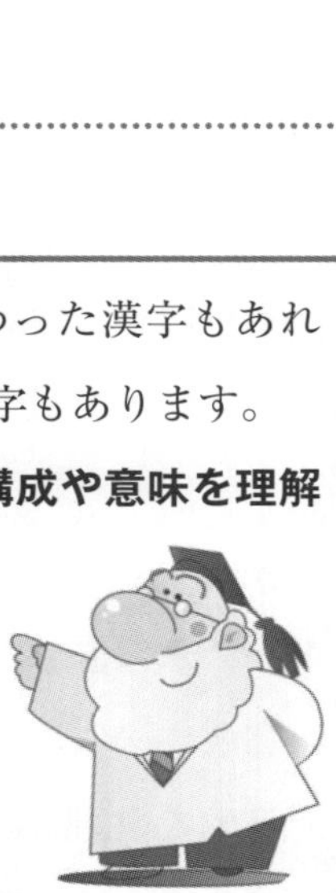

知財博士

【弁理士よりワンポイント】

【日本語】猪
【中国語】猪
(ブタになります)
※同形異義語は技術用語にもあります

日本語と中国語には同形異義語がたくさんあります。

例を示しましょう。

【日本語】	【中国語の意味】
猪	豚のこと
煤	石炭のこと
女将	女傑、女丈夫のこと
麻雀	雀のこと
批評	叱ること
戸口	戸籍のこと
看病	お医者さんに診てもらうこと
人参	薬用人参のこと
手紙	トイレットペーパーのこと
切手	指を切ってしまったこと
大丈夫	男らしい男のこと
勉強	無理に強いる、いやいやながらという意味
結束	終わること
東西	物体や食物、タバコ、場合によって人や動物をさす
経理	マネージャーのこと

Q102 中国特許出願明細書の誤訳がない特許事務所の対応って？

質問！

食品関連会社の社長さんから「中国特許出願明細書の誤訳のない特許事務所とは、どういうことをしている事務所なのだろうか」という問い合わせがありました。

「日本のたくさんの企業が、中国に特許出願や実用新案出願を依頼している状況で、誤訳対策を十分に行っている特許事務所をどうやってみわければ良いのか知りたい」という相談です。

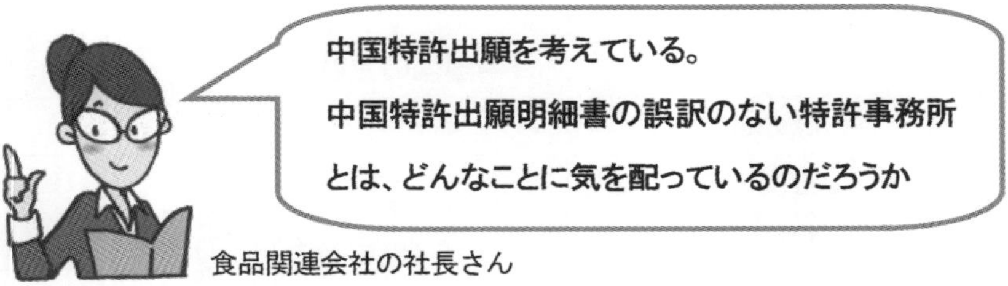
中国特許出願を考えている。
中国特許出願明細書の誤訳のない特許事務所とは、どんなことに気を配っているのだろうか

食品関連会社の社長さん

Answer

◎中国における翻訳の人材不足と、それに伴う専門分野とのミスマッチという環境下では、誤訳が頭の痛い問題となります。**誤訳を少なくするために、次のようなことが望まれます。**

◆新しい技術用語は必ず定義する

◆長い文章は避ける

◆同じものを同じ言葉で繰り返すのではなく、いい方を変えて記載する。これによって理解を深める

◆カタカナ外来部には表記を付ける

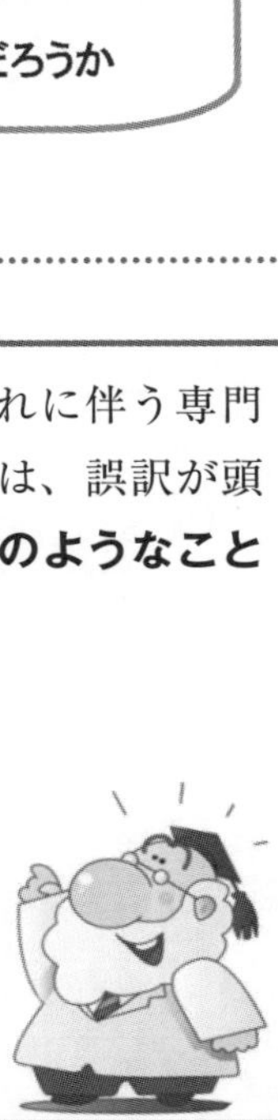

知財博士

【弁理士よりワンポイント】

中国事務所内処理
・発明内容把握できる
・弁理士のチェック
中国翻訳者が
あまりに忙しい

例えば、猪、工作員、女将、煤、床、戸口、批評、看病、人参、経理、技師、書記、競争、結束、東西、大丈夫、出力、切手、料理、勉強などは、日本語と中国語とでは同形異意味の漢字です。日本語をそのまま中国で使用すると、誤訳となります。

「パワー」は「能量」「電源」「能力」などと訳しますが、発明内容を正しく理解していないと、正しい訳にはならないでしょう。

日本語原文が意味不明なために、誤訳になってしまうこともあります。

特許事務所のいくつかは、次のような対策をして、誤訳が生じないよう注意しているようです。

【１】翻訳はすべて事務所内で処理することとしている

【２】所内の日本語のできる中国弁理士、あるいは特許エンジニアが発明内容を理解して全文をチェックし、疑問点について積極的にクライアントに問い合わせする

Q103 中国で特許をとっても抑止効果がないって本当？

質問！

鉄道車両関連商品メーカーの社長さんから「中国で特許をとっても抑止効果がないって本当か」という問い合わせがありました。

この社長さんの会社では、製造している商品の製造技術を、提携先に技術供与し、サービス業務について指導しています。そのため、特許取得を進めているとのことでした。しかし、業界仲間に「中国で特許をとっても抑止効果がない」とよく聞くので、特許取得の効果について不安に感じているようです。

中国で特許をとっても、抑止効果がないって本当か？
技術供与契約を進めているが、会社の移転技術は特許で保護しようと考えている
鉄道車両関連商品メーカーの社長さん

Answer

◎中国企業同士、あるいは中国企業と欧米企業との知財訴訟が増えています。

◎特許活用上の問題はありますが、知財訴訟が増えているということは、**特許は抑止効果がある**ことを示しています。**執行力が強化されています。**

◎特許取得尽力と共に、特許活用に尽力することではないでしょうか。

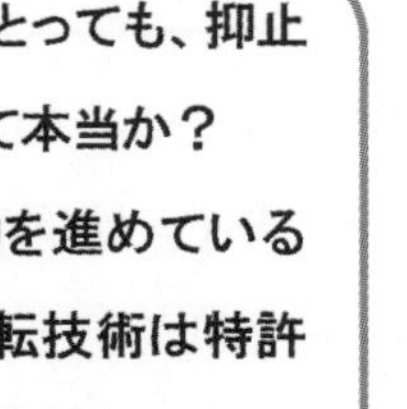
知財博士

【弁理士よりワンポイント】

監視の強化
情報入手
特許侵害警告
アッ！
同じものを
やっているな！

中国における執行力が強くなってきています。

中国企業同士あるいは中国企業と欧米企業との知財訴訟が増えています。このことは水面下での知財係争が増加し、特許に抑止効果があることを示しています。要は、特許の活用の仕方によるものと思います。中国で特許をとっておいて、「特許があるから、これを尊重して無断使用しないでください」「使用する場合には、弊社の許可を取ってからにして下さい」と表示したり、口にしたりするだけでは、確かに抑止効果は少ないといえるでしょう。

競合メーカーの製品・商品販売状況を監視し、情報を入手していくことが大切です。インターネット上の監視、調査会社活用による監視などあらゆる手を尽くして、自社の技術を保持していくことに尽力することが求められます。

また、中国においては、実用新案あるいは意匠を登録しておいて、何らかの権利を取得しておきましょう。

不正競争防止法のみの防御では、十分でないと思った方が良いでしょう。商標登録しておくことが大切です。

Q104 中国における知財保護で、日本企業の対応・尽力が十分でないって本当？

質問！

経営者協議会の理事長さんから「中国における知財保護で、日本企業の対応、尽力が十分でないって本当？」という問い合わせがありました。

理事長さんによれば「ある講演で、日本企業は毎年４万件以上の特許出願を中国にしているが、取得した特許についての保護活動が十分ではない、と聞いた」とのことです。

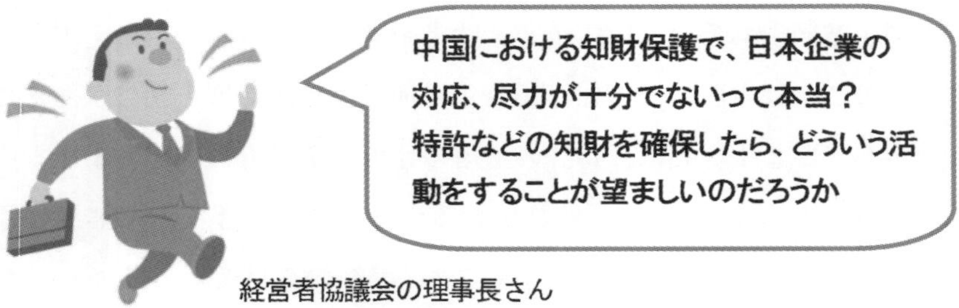
中国における知財保護で、日本企業の対応、尽力が十分でないって本当？
特許などの知財を確保したら、どういう活動をすることが望ましいのだろうか
経営者協議会の理事長さん

Answer

◎本当です。**欧米の企業に比べて、特許をとった後の保護、活用活動では、日本企業は対応・尽力が小さい**ことは事実です。

◎保護、活用のための予算をあまりかけていないうえ、特許を取得すれば、技術は保護されると考えている企業が多いようです。特許取得以上の尽力が必要とされます。

知財博士

【弁理士よりワンポイント】

そうだ！
司法鑑定機構を
活用しよう
司法鑑定機構による
司法鑑定書の作成

知財保護対策予算を見ると、欧米企業と日本企業には大きな温度差があるといわれています。多くの欧米企業は、億単位の投資規模で知財保護に取り組んでいますが、日本企業で１億円以上を投じている企業は少ないようです。

特許をとって終わり、という企業が多いようです。この辺の事情が、知財訴訟の件数になって現れてきているのだろうと考えます。

日本企業は、監視したり、訴訟を起こしたり、といった行動は苦手というより嫌いなのでしょうか。しかし、不得意とは、もはやいっていられないでしょう。

中国最高人民法院（最高裁）がまとめた司法統計によれば、知財に関する民事事件では、著作権に絡む訴訟が増えています。特許権や商標権に関する訴訟となれば、大幅な増加を見せています。訴訟を念頭において知財保護対策計画を立て、実行していくことにしてはどうでしょうか。

Q105 中国では不正競争防止法で保護されるの？

質問！

遮断器部品メーカーの社長さんから「我社は中国に中国企業との合弁会社を作って部品を製造している。中国の不正競争防止法上において、どのような行為が営業秘密の侵害として認定されるのか」と問い合わせがありました。営業秘密を保護するための方法を知りたいそうです。

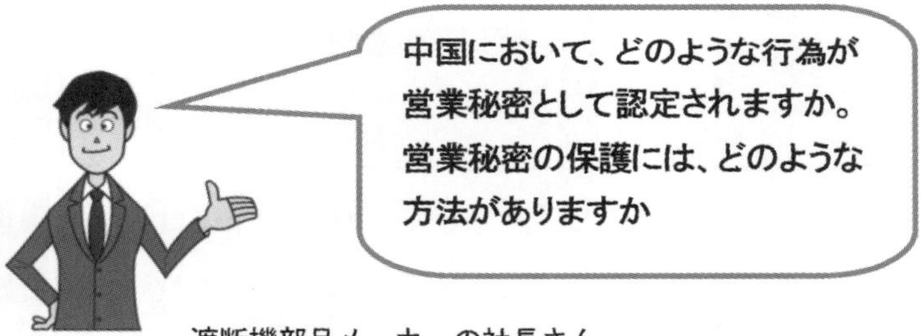
中国において、どのような行為が
営業秘密として認定されますか。
営業秘密の保護には、どのような
方法がありますか

遮断機部品メーカーの社長さん

Answer

◎中国では、反不正競争法といって、中国でよく発生している侵害行為を例示しています。日本に比べて制限的ですが、不正競争は日本同様に取り締まりの対象とされています。

◎中国では、営業秘密は、行政防衛・司法防御という方法で保護されます。

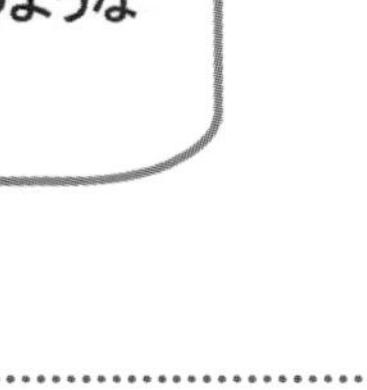

知財博士

【弁理士よりワンポイント】

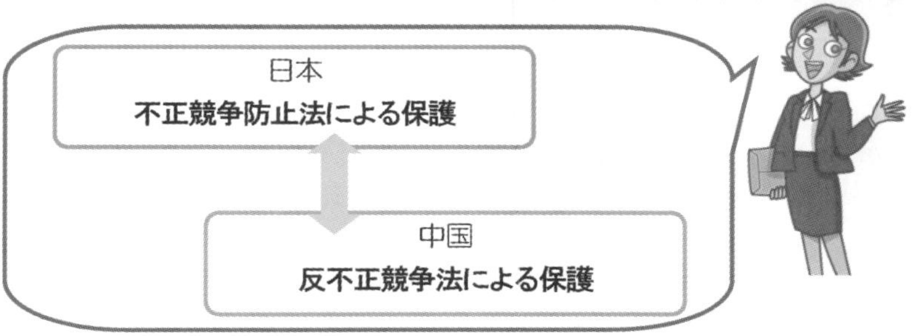

反不正競争防止法第10条及び関連規定によって、中国でよく発生している侵害行為を次のように列挙しています。

◎窃盗、利益で誘導、脅迫又はその他の不正当な手段により権利者の営業秘密を手に入れること

◎前項の手段で得た権利者の営業秘密を公表、使用し、又は他人に使用を許可すること

◎権利者と業務関係のある組織及び個人が、契約の約定に違反し、又は権利者の営業秘密保持要求に違反して、自己が掌握した権利者の営業秘密を公表、使用し、又は他人に使用を許可すること

◎権利者の雇用労働者が契約約定に違反し、又は権利者の営業秘密保持の要求に違反して、自己が掌握した権利者の営業秘密を公開、使用し、又は他人に使用を許可すること。第三者が前記違法行為を明らかに知り、又は知り得るべきであった他人の営業秘密を獲得、使用又は公開した場合は、営業秘密の侵害と見なす

日本の不正競争防止法で定義される「不正競争」となる場合に比べて、規定される例が少ないことが分かります。例えば、他人の商品の形態を模倣した商品を譲渡したり、輸出したりすることが規定されていません。

Q106 中国への技術移転の際に適用される法律って？

質問！

材料メーカーの社長さんから、中国企業へ技術移転するに際して適用される法律、及びそれらの法律に規定される事項について問い合わせがありました。「同業他社が技術移転した後に、トラブルにみまわれた。技術移転について規定した条項をよく知り検討しておきたい」とのことです。

中国企業へ技術移転するに際して適用される法律、及び関連の条項を知りたい

材料メーカーの店長さん

Answer

◎中国企業への技術移転に関する事項が次の法律にいくつか規定されています。

【1】特許法

【2】技術導入契約管理条例

知財博士

【弁理士よりワンポイント】

特許件数
契約更新時の
技術料減額防止に
特許件数の確保は
大切です

中国企業への技術移転に関する事項が、次の法律にいくつか規定されています。

【１】特許法

特許権侵害訴訟の時効は２年とし、特許権者又は利害関係人が侵害行為を知った、又は知り得た日から起算する（第61条）

【２】技術導入契約管理条例

技術導入契約の締結では、「中華人民共和国渉外経済契約法」及びその他の法律の関係規定を遵守しなければならない（第５条）

付与側はみずから付与技術の適法な保有者であることを保証し、かつ供与技術が完全で瑕疵がなく、有効で、契約の目標に到達できることを保証しなければならない（第６条）

中国企業へ技術移転する日本企業は、契約更改を念頭において、「特許取得件数は当初の契約時の特許件数を下回らないこと」ならびに「契約更改に際して、中国企業に供与される改良技術の内容を具体的に提示できるようにしておくこと」が重要です。契約更改を継続し、技術料を減額しないうえで大切な戦略であると思われます。

Q107 中国で知財係争するときの効果的手段は？

質問！

自動車部品メーカーの社長さんから「中国で知財係争する際の効果的な手段として、どのような方法があるだろうか」という問い合わせがありました。「今後、特許を含めて知財の保護のために、中国で積極的に行動していく方針をとりたい」とのことです。

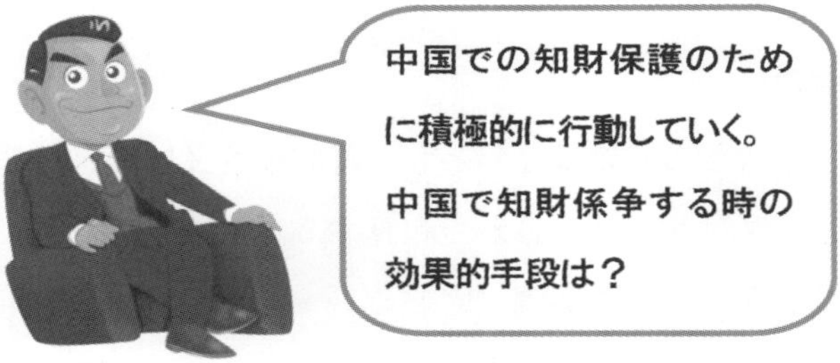

中国での知財保護のために積極的に行動していく。
中国で知財係争する時の効果的手段は？

自動車部品メーカーの社長さん

Answer

◎中国で知財係争する場合、司法ルートのみの日本と違って、司法ルートのほかに行政ルートがあります。

◎行政ルートは侵害を早期にやめさせる場合に活用できます。本格的な係争には訴訟ルートということになります。

◎中国での知財係争には、**司法鑑定機構**の戦略的活用が大切です。

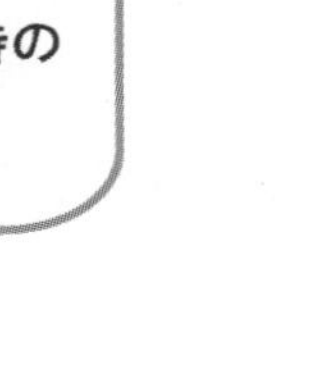

知財博士

【弁理士よりワンポイント】

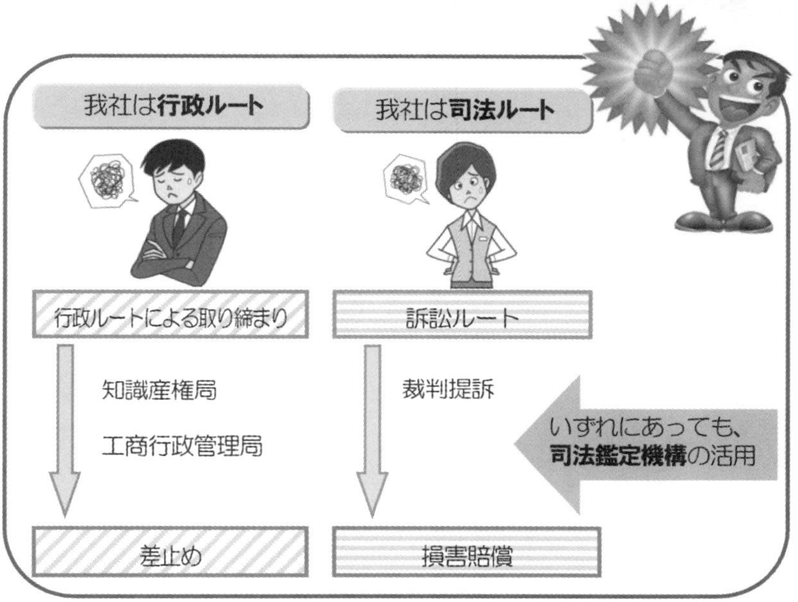
我社は行政ルート
我社は司法ルート
行政ルートによる取り締まり
訴訟ルート
知識産権局
工商行政管理局
裁判提訴
いずれにあっても、
司法鑑定機構の活用
差止め
損害賠償

【１】中国政府の知財保護の方針は強化されつつあり、行政機関に浸透してきているので、行政ルートを積極的に利用してほしい

◎特許・実用新案・意匠の侵害なら、地方の知識産権局

◎商標・不正競争なら、地方の工商行政管理局

◎著作権なら、地方の版権局

ということになります。地方の警察機関に通報して取り締ってもらうこともあります。

【２】中国独特のシステムである司法鑑定機構を利用してほしい

訴訟ルートあるいは行政ルートを採用するにしろ、中国で知財係争しようとする企業は、司法鑑定機構を活用し、司法鑑定書を作成することをお勧めします。北京には有力な司法鑑定機構が６つあります。

Q108 中国企業が新規開発した技術を移入するときの注意事項って何？

質問！ 精密機器メーカーの社長さんから「技提先が新規に開発した精密機械の技術を移入して、日本で販売することを考えている。この技術を移入するときの注意事項は何であろうか」という相談がありました。

精密機械の技術を日本に移入したいと思っている。移入にあたり、注意しておいた方がよい事項って何だろう？

精密機器メーカーの社長さん

Answer ◎中国企業が日本企業の技術を移入するときの注意事項が、逆のパターンでもそのまま注意事項となります。ただし、独自の注意も必要なようです。

知財博士

【弁理士よりワンポイント】

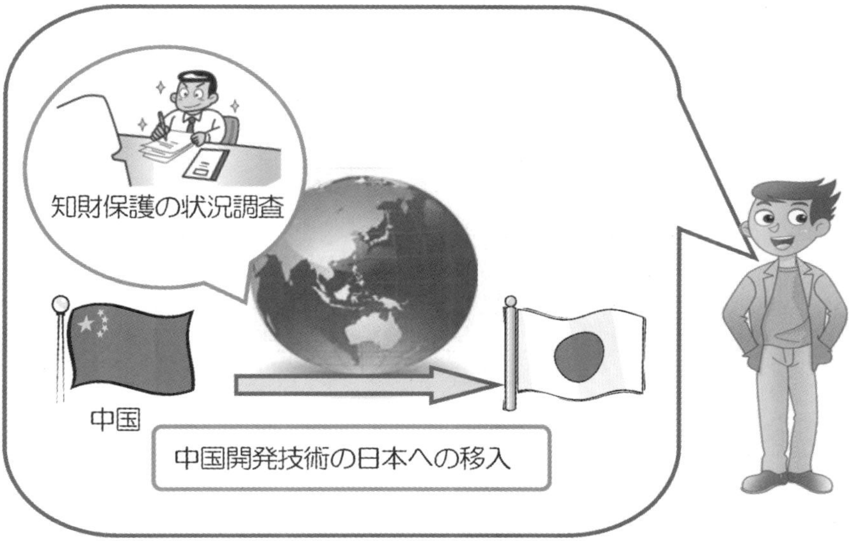

【１】中国から移入しようとしている技術が、中国でどのように保護されているのか、よく調査すること。例えば、中国での特許成立、特許出願の状態など

【２】中国企業が日本で当該技術についてどのような保護措置をとったかの調査

【３】第三者の知財を侵害する恐れがないか、事前にしっかりと把握すること

【４】特許成立にいたっていない特許出願がある場合、あるいは実用新案権、意匠権（これらは無審査登録）について、中国の知識産権局が発行する権利の有効性に関する検査報告書の提出を求めることがあるようです。

雑談

特許出願の動機についてうかがいました No.7

ここをこうした発明を考えているんですが、どう思いますか？
我社は発明報奨も十分に払われるし、がんばろうぜ

社内にノルマ設定（各部・各エンジニア）

特許出願の動機についてうかがいました No.8

ブヒッ！
ブギッ～！
今後は
開発技術はすべて
特許出願だ!!
わぁ～ん
いじめないで！

他社に痛めつけられた

こんなときに特許の種が生まれる いや、すでに生まれている!! No.7

使い勝手をよくしたい！

↓

形を変えたら使い勝手がよくなった

↓

特許の種

使い勝手がよくなったとき

こんなときに特許の種が生まれる いや、すでに生まれている!! No.8

問題点は……

試作会議

索引

す

著 者 紹 介

高田　幸彦　弁理士・日峯国際特許事務所所長

【経　歴】

1964年　武蔵工業大学　卒業
1964年　株式会社日立製作所　入社　特許部配属
1970年　弁理士試験合格　弁理士登録
1977年　米国留学　米国、カナダ特許事務所での実務研修
米国特許商標局パテントアカデミーに参加
1984年　発明協会茨城県支部副支部長（５年間）
1985年　中国専利局特許登録証書発布式に出席、北京人民大会堂で外国人の権利者を代表して式上にてスピーチ
1988年　日立製作所　知的財産権本部　特許第一部長
国内外の特許係争従事多数　企業内で闘う特許活動展開
ドイツ国仲裁裁判所ケース担当　米国特許係争担当
1991年　発明協会茨城県理事（２年間）
1993年　発明協会茨城県幹事（現在まで継続）
1993年　発明協会功労賞受賞
1994年　日峯国際特許事務所設立、現在に至る
2001年　発明協会茨城県支部発明相談員（現在まで継続）
2003年　国立大学法人筑波大学知的財産マネージャー（現在まで継続）
2006年　日本弁理士会関東支部副支部長（３年間）
2007年　日本弁理士会茨城委員会委員長（２年間）
2008年　「経営に役立つ闘う特許活動」出版
2011年　平成23年度産業財産権制度知財功労賞表彰

【イラスト・写真】
- 弁理士・中小企業社長・カバー・表紙
  ©Kamiya Ichiro - Fotolia.com
- 知財博士
  ©kawano - Fotolia.com
- 中小企業社長　他
  ©イラストAC
- 地球イラスト
  ©rtguest - Fotolia.com
- 青色LED
  ©Ron-Heidelberg - Fotolia.com

知的財産を
経営の柱に立て
ビジネスチャンスを
つかみましょう！

知的財産早わかり108のポイント～中小企業の経営者必見～

平成23年　7月15日　初版　第1刷発行

著　者　高田　幸彦

編　集　日峯国際特許事務所
発　行　社団法人　発明協会

発行所　社団法人　発明協会
所在地　〒105-0001　東京都港区虎ノ門2-9-14
電 話　03(3502)5433(編集)
電 話　03(3502)5491(販売)
FAX　03(5512)7567(販売)

●落丁・乱丁本はお取替え致します。　印刷：勝美印刷株式会社
ISBN978-4-8271-0998-6　C3032

発明協会ホームページ：http://www.Jiii.or.jp/